超訳 速習 図解

Professional Manager Note

プロフェッショナルマネジャー・ノート 2

プレジデント書籍編集部 編
玉塚元一 解説

プレジデント社

はじめに

ユニクロからローソンへ――。「小商圏の製造小売業として世界一になる」と熱く語り、数々の新機軸を打ち出し、マスコミでも話題のローソン・玉塚元一社長の座右の書が現在まで20万部近くも売れているベストセラー『プロフェッショナルマネジャー』（プレジデント社）です。

この本の著者であるハロルド・ジェニーン氏は、1959年に通信会社ＩＴＴ（インターナショナル・テレフォン・アンド・テレグラフ・カンパニー）の社長兼最高経営責任者に就任し、17年間の就任中に80カ国、350社に及ぶＭ＆Ａ（合併・買収）を行い、この会社で〝58四半期連続増益〟を打ち立てた経営者として大成功を収めた人物です。

かつて、玉塚さんの上司であったユニクロの柳井正さんは活字中毒で、経営書を一日に一冊近く読んでいたと言われていますが、とくにこのジェニーン氏の『プロフェッショナルマネジャー』からは教えられることが多く、ボロボロになるまで読み込んだのです。まさに幻の経営書と言えるでしょう。

その柳井さんからこのボロボロになった『プロフェッショナルマネジャー』を手渡されたのが、若手経営者の旗手であるローソンの玉塚元一社長、53歳だったのです。

玉塚さんの社会人としての第一歩は旭硝子。その後、米国留学を経て日本ＩＢＭ、ファーストリテイリングでの社長経験、企業再生支援のリヴァンプ、そしてローソン。彼はいくつもの出会いと経験を積み重ねてきました。なかでも柳井さんとの出会いは強烈で、柳井さんからは徹底的に商売の原理原則を叩き込まれたと言います。そしてその原点にいつもあったのが、この名著『プロフェッショナルマネジャー』でした。

柳井さんと玉塚さんがこの経営書のどこに魅了されたのかと言えば、それは以下のようにずばりと説かれた**「組織は仕事をするためにあり、組織のために仕事をするのではない」**というメッセージがちりばめられていたからでしょう。

「経営者は経営しなくてはならぬ」
「覚えておきたまえ。実績こそがきみの実在だ。ほかのことはどうでもいい」
「組織は仕事をするためにある」

そして、二人が影響を受けたといわれるジェニーン氏の「三行の経営論」とは——。「本を読む時は、初めから終わりへと読む。ビジネスの経営はそれとは逆だ。終わりから始めて、そこへ到達するためにできる限りのことをするのだ」というフレーズです。

本書では、ローソン社長・玉塚さんのインタビューを通じて、再度この経営書から多くのことを読者の方々に学び取っていただけたら幸いです。

プレジデント書籍編集部

柳井氏の私物。玉塚氏はこの本をコピーし読み込んだという。

『プロフェッショナルマネジャー・ノート 2』
CONTENTS

ユニクロ・柳井正社長から手渡された経営のバイブル『プロフェッショナルマネジャー』との出会い

株式会社ローソン
代表取締役社長
玉塚元一

1998年から2005年にかけて、私はユニクロ（ファーストリテイリング）にお世話になりました。この７年間は私にとって、柳井正さんのもとで彼流の経営について叩き込まれた時代でした。

出会いは、衝撃的なものでした。

旭硝子を退職し、日本ＩＢＭに転職した98年、私が経営コンサルタントとしてファーストリテイリングに、コンサルティング業務のプレゼンを行った時のことでした。逆に、柳井さんは私に、経営の本質について説明を始めました。

小売業の経営は、ひたすら現場を歩いて、できるだけ正確な情報を得ること、出てくるあらゆる数字から、その背後にある真の姿を把握・理解することを怠ってはならない。巷間でもてはやされている経営理論やセオリーで、経営がうまくいくなんてことはありえない――と、断言しました。

その迫力と説得力に私の心は揺さぶられました。結果、入社からわずか４か月で日本ＩＢＭを退社し、ユニクロに入社することになったのです。

柳井さんは驚異的な読書家で、経営書を中心に毎月２冊くらい「これ、読んでおいて」と、私に手渡しました。ほぼ毎月です。その中の一冊が、ハロルド・ジェニーンとアルヴィン・モスコーの共著の『プロフェッショナルマネジャー』（プレジデント社刊）でした。私は貪《むさぼ》るように読みました。本を汚してはいけないと思い、すべてコピーして読み込んだことを今も覚えています。
ジェニーン氏は自著の中で、成果こそがすべてであり、結果を出すことだけが「経営」という名に値するものだと書いており、そのためには現場の状況を把握し、上がってくる数字を読み解く努力を惜しんではならないと言っています。
また、本を読むときは、初めから終わりへと読み進むが、ビジネスにおける経営はそれとは逆で、終わりから始めて、そこに到達するためにできる限りのことをすることだとも言っています。
これは、まず目的を見据えて、そこに達するための目標を一つずつクリアしていくことが肝要だという意味です。
ジェニーン氏の『プロフェッショナルマネジャー』は、私にとって経営の指針を示す一冊であると同時に、柳井さんから学んだことを想起させる貴重な書物でもあります。
そして、プロフェッショナルマネジャーとは、私が目指すべき永遠のテーマでもあります。

『斜に構えるな。
目の前にあるものは
手当たり次第、口にするくらい
大食漢であれ』

私の大学時代は、明けても暮れてもラグビー漬けの毎日でした。卒業後、旭硝子に入社して10年が過ぎた頃のことです。社費留学の機会を得て、アメリカのケース・ウェスタン・リザーブ大学経営大学院に行く機会を得たのです。目標はＭＢＡ（経営学修士）の資格を取得することでしたが、勉強だけに集中する機会があまりなかったこともあり、目にするもの、耳にするものがことごとく新鮮に思えました。そこで、経営学に限らず何でも吸収してやろう、何でも飲み込んでやろうという気持ちで臨むことにしたのです。

同時期に企業から派遣された人はたくさんいました。銀行員や商社マンなど、すでに多くの経営の知識を備えている人がほとんどで、「既に学んだことだ」「ネットプレゼントバリューなんて、本当に役に立つのか」といった感じで、斜に構えている姿の人もいました。

私自身は必死になって、疑問点は質問し、機会があれば躊躇なく発言するうちに、自然とさまざまな情報がまわりから集まるようになり、教授陣からの信頼を勝ち取ることもできました。

限りない積極性と素直な心を持ち続けること……まわりを巻き込み、ともに前進するためには、これこそが必須の条件なのです。

『積極性と素直な気持ちで、

何でも吸収してやろうという姿勢こそが、

周囲を巻き込み動かして、

ともに前進する原動力になる』

『まず、目標を立てよ。
その立てた目標から逆算して、
そこに到達する方法を見つけだせ』

私は幼い頃は積極性に欠けたところがあり、自分に自信が持てませんでした。なんとか心身を鍛えてひとかどの人物になりたい……誰でも願うことです。そこで中学時代からラグビーを始め、慶應義塾大学在学中には肉弾戦の最前線の一つであるフランカーとしてレギュラーメンバーになりました。幼い頃の課題はラグビーを通じて解消することができました。

大学卒業にあたり、海外勤務のできる企業に就職することを決めました。国内で経験を積むのも一つの道ですが、若いうちにまず外国に出て見聞を広めたいと思ったからです。社員数や新卒採用数、どのような人材が集まる企業かを調べるうちに、旭硝子なら海外勤務も可能だとの結論を得て、1985年に入社しました。そして、89年にシンガポールに駐在となり、東南アジアの国々を駆け回る生活を送りました。まず、目標を立て、目標から逆算して、それをクリアする方法を考える……これは58四半期連続増益の企業をつくったジェニーン氏が繰り返し実践してきた手法であり、ユニクロの柳井さんに叩き込まれた考え方ですが、思い起こせば生来、私はそうしてきたと感じます。

目標に向けてチャレンジするのは苦しいことですが、そこにこそ学びがあり、新しい出会いがあります。そこにリスクを感じても、オポチュニティコストと受け止め、チャレンジするほうを選ぶよう心がけています。

『チャレンジの中にこそ学びがあり、
新しい出会いも生まれる。
オポチュニティコストと受け止め、
挑戦することをあきらめるな！』

『現場主義なんて、当たり前のことだ。
大切なのは料理をつくるときのように、
絶対に鍋から目を離さないこと』

ジェニーン氏は、経営者の存在意義は成果のみだと言っています。そのためには、ハードワーカーになり、現場重視は当たり前のことなのです。ジェニーン氏は机上の空論に陥ることを恐れて、わざわざヨーロッパの現場に出向いて、現場の人と膝を突き合わせて議論し、現場の匂いや独特の感覚を把握しようと努めました。

ジェニーン氏は、経営は鍋の中でスープをつくるようなもので、ずっと見ていなければ思うようにいかないと言っています。確かに、日々発生する事実をつかみ、次の経営へと活かしていく……その積み重ね以外に、成功する経営法などないのです。柳井さんは、「事実をつかめば、勝負あり」といったことを、よく話していました。

かつて私がユニクロでお世話になっていた頃、柳井さんは、寝ても覚めても経営のことを考えていて、縦・横・斜めに数字を眺め、その背後にあるものを把握するための労を惜しみませんでした。こうした姿勢を私に見せ続けていたのは、「がむしゃらに仕事しろよ」というメッセージだったと思っています。徹底的に教えられたことは、「経営者は経営をしろ」ということです。

経験のみが成長を後押ししてくれる……まさに実感です。その意味で、柳井さんから薫陶を受けたことは、私の宝であり財産です。

『全身全霊で働け！

経験を積むことだけが、

経営で成功する秘訣である』

『会社には、
いい会社と悪い会社しかない。
原理原則を守りながら
愚直にやり続けるしかないのだ』

柳井さんが一般的な小説を読んでいるところを見たことがありません。経営、商売に関連したノンフィクションばかり読んでいました。読書家だった彼のそうした姿からも、いかに現実主義・現場主義の経営者だったかがわかります。

ユニクロでの7年間に、商売の原理原則を徹底的に教えられました。ことあるごとに言われていたのが、「会社というのは、いい会社と悪い会社しかない」ということで、いい会社の証としての原理原則25カ条を叩き込まれました。今は、相当数に増えていると聞いていますが……。

いい会社になるための原理原則を考えながら、決してぶれることなく、純粋に粘り強く実行し続けていく。いい会社であるためにはまず強い会社にならなくてはなりません。いつ潰れるかわからないような会社では、社員の一致団結など望むべくもありません。

商売・経営は結局、お客様のためにあり、それを実践できてこそ、本当に強い会社になります。しかし、社長や経営者だけがいくら頑張っても、何もうまくいきません。やはり目標を共有し、みんなが納得できる形の中で、全社員で一緒になって経営してこそ、いい会社になるということを学びました。

**『商売・経営はお客様のためにある。
全社員で一緒になって経営してこそ
強くていい会社になることができる』**

『どんなに大きな会社でも、
うまく経営しなければ倒産する。
だから現状に満足せず、
現状否定をしなければならない』

会社が発展し業績を伸ばし続けるには、正しいことを正しく実行し、数字を含めたあらゆる情報を俯瞰して判断し、常に最良の最適解を選択しなければなりません。安定した大企業に就職すれば安心できるかというと、もはやそんな時代でもありません。変化に絶えず対応していくアメーバ力のようなものがなければ、会社なんて簡単に潰れてしまいます。

多くの人は、大会社が倒産するなんて、めったなことではありえないと思っています。しかし、経営者がミスをおかしたり、経営判断を見誤れば、基本的に会社は倒産してしまいます。だから、決して慢心したり緊張感を緩めてはいけないし、現状に満足してはならないのです。やはり、現状を否定し続けて、より良い状況を創出するために創意工夫を怠ってはならないのです。

では、何をすればいいのでしょうか。それを説明できるような理論やセオリーなどありません。すべては現場を見て、具体的な対策を個別にあるいは総合的に実行しなくてはなりません。経営に効く妙薬などないのです。名医は触診から始まって、あらゆる方法で病気を見つけだし、病巣をえぐり出して、健全な身体に戻します。「できることは何でもする」。それが基本です。

『経営に効く妙薬などない。
あらゆる方法を駆使して病気を見つけ、
健全な身体に戻すためには、
できることは何でもしよう』

『偉大なるリーダーは
大きなビジョンと使命感を持ち、
現場に吹いている風を感じて、
進むべき最適解を見つけだす』

ジェニーン氏と同じで、柳井さんは数字に表れてこない事実、例えば感情とか、空気感とか、変化の流れを把握するのが、リーダーたる経営者や店長の務めだと力説しました。やはり、すべては店舗にあり現場にあるのです。

議論も抽象的な発言に対しては、聞く耳を持たない人です。「そうは言うけど、君は現場を見たのか?」「栃木の店。行ってみたのか?」「直接見て確認したのか?」「店長とじっくり話したのか?」というふうに、柳井さんはあくまで実際に見聞し確かめたことしか、意見として認めず、空想や机上の空論はバッサリ切り捨てました。こうした姿勢は、私にとって非常に学ぶところがありましたし、企業のカルチャーとしてきわめて大切なことだと、今も強く確信しています。

経営者は偉大なるリーダーでなければなりません。そのためには大きなビジョンを描き、確固たる使命感を持っているのは当然です。

しかし一方で、現場・現物のディテールをよく理解して、そこに吹いている風の向きとか、肌で感じる感覚といったものを、微に入り細に入り感じ取ることができなければなりません。そして、全体上と下細部を絶えず行き来しながら、最適と思える解を出し続けなければならないのです。それが真のリーダーのあるべき姿といえます。

『実際に見聞きして、
確認した意見こそが重要で、
空想や机上の空論には
耳を貸さないような
企業カルチャーが求められる』

『変化を迫られる状況は、
すなわちチャンスである。
知恵を絞る絶好の機会であり、
全力投球できるチャンスでもある』

かつてユニクロの売り上げが少し落ちたとき、徹底的な市場調査をしました。顧客から発せられるマイナスの発言を聞くことで、改善点を洗い出し、なんとか打開しようと試みたのです。

結果、売り上げは見事に回復し、むしろ前より良くなりました。これなどはジェニーン氏と同じで、「どうしてだ?」と思ったら、納得できるまで裏を取ることの重要性を教えられました。

現在は「変化の時代」です。時代に対応できない企業は姿を消す……これはまぎれもない事実であり必然です。わが国の構造自体が、これからの10年くらいで、大きく変わらなければなりません。しかし考えてみれば、変化を迫られる状況というのはチャンスに他なりません。

変化はさまざまな社会問題が顕在化することで生じてきます。それを一つ一つ解決して、実質的な社会貢献・価値貢献ができれば、企業は発展します。知恵を絞り、全力投球できる絶好の機会なのです。

問題解決のための仮説を立て、先頭に立って旗を振り、泥まみれになりながら実行する……それが新しい価値観やビジネスモデルであれば、必ず成功します。変化の時代にはそんな人財が求められています。ぜひ、自分もそうありたいと思っています。

『問題解決のための仮説を立て、
先頭に立って旗を振り、
泥まみれになりながら実行する。
そんな人財こそ求められている』

第2章　玉塚元一のビジネス理論

私のPM（プロフェッショナルマネジャー）としてのローソン戦略

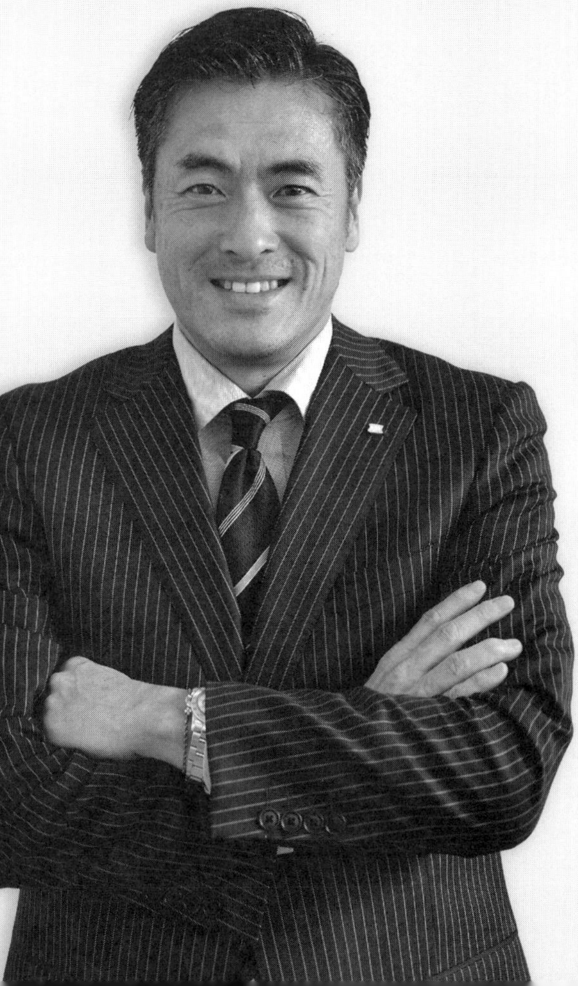

01
『トップダウンだけでは組織は強くなれない。チーム力を発揮できてこそ高い壁も乗り越えられる』

経営者だけの力では、あるいはリーダーだけの力では組織は強くなれません。社員全員が一丸となって、問題点を洗い出し、掲げた目標に向かうことができなければ、真のチーム力・組織力は発揮できません。

チーム力は、リーダーが上から一方的に戦術を説くトップダウン式だけでは、決して完成しないし、高い壁を乗り越えることもできません。そのためには、リーダーはメンバーの意見を十分に聞いて、いい意見があれば吸い上げるボトムアップ式も同時進行させなければなりません。消費者と直接に向き合う事業であるコンビニエンスストアのような小売業においては、強烈なトップダウンと強烈なボトムアップの両方が重要なのです。

何といっても経営の肝《きも》は現場・現物にあり、机に座っていては把握できません。だから、絶えず現場の声を聞き、いかに経営に活かしていくかを考えるのが、経営者・リーダーのすべき仕事になります。まさにジェニーン氏がプロフェッショナルマネジャーとしてすべきことの1つに他なりません。

ローソンに入社する前に、私は複数の企業に在籍し、多様な事業に触れてきました。その経験は、はっきりと現場・現物主義の重要性を示してくれました。そのため、顧問からスタートし副社長になってからも、店舗巡りを日課のように続けました。加盟店オーナーさんたちとは、いわば運命共同体です。まさに社員とは別のチーム構成員なのですから、ひたすら店舗を回って、現場の意見を聞き続ける。今もその姿勢に変わりはありません。

店舗が独自に挑戦して成功していることがあれば、それに注目します。1万2000店を超える店があるため、水平展開した事例はたくさん見つかります。そうした成功ケースを他店でも実施する……そんな仕組みをつくることこそが重要なのです。

マチカフェコーヒーをお客様に知っていただこうと、人目を引く飾りをつけたところたくさん売れるようになったり、周りに主婦の方やシニアの方が多い店舗で、野菜や惣菜などの品揃えを増やしたところ、お客様に非常に喜ばれたことなどがあります。

02
『目指すのは「スピードと実行」であり、地域生活者の健康維持に貢献できる「マチの健康ステーション」へ変貌させること』

12年の長きにわたってローソンの顔であった新浪剛史《にいなみたけし》氏から総指揮を任された私は、まず「スピードと実行」を高く掲げました。そして新体制が推進するのは、健康を軸にした小商圏型製造小売業の実現を目指すこととしました。

つまり、川上にまで遡って、おいしさと健康を兼ね備えた独自の商品を、地域に提供していこうというのがコンセプトです。そのことによって、ローソンを日々の買い物に利用できる「ネイバーフッドストア」にとどまらず、地域生活者の健康維持に貢献する「マチの健康ステーション」へと変貌させたいと考えているのです。

これまでのような若い男性のお客様が主体の店舗から、主婦や高齢者の方々がスーパー代わりに利用するような店舗に変えることで、女性の社会進出や高齢社会到来という時代の変化に対応していけるはずです。ジェニーン氏は『プロフェッショナルマネジャー』の中で、時代の変化を敏感にいち早く察知して、即応することの重要性を繰り返し述べています。

コンビニエンスストア業界は出店と閉店を繰り返しており、従来型のコンビニエンスストアづくりに奔走しているとも言えます。一方、若者の人口が減り、遠くのスーパーに出かけることが大変な高齢者や働く主婦が増加しています。

そんな中で、ローソンは2013年10月に健康への挑戦を宣言したのです。健康をテーマにした商品開発を本格化させ、17年には食品関連売上の三割まで拡大させるとともに、あわせて医薬品取扱店を加速度的に展開していきます。つまり、「おいしくて身体によいミールソリューション」と「薬や運動によるセルフメディケーションサポート」を二本柱にして、健康サポート機能を実現する方針を明確に打ち出しました。しかし、健康を保証できるからといって、何を売ってもいいはずはありません。

「われわれが目指しているのは健康食品をつくることではなく、あくまで通常の食事を通して健康をサポートしていくことであり、したがって、おいしくないものはつくらない」というのが、ローソンの目指すコンビニエンスストアのあり方です。健康的でありながら、おいしさを失わない……理想的な食品がローソンには常にあります。

03
『経営方針はきわめて明確。目指すのは「小商圏における製造小売企業として世界一になる」こと』

ローソンのトップに就任してから、ともかくスピード感を持って事にあたるよう心がけています。経営方針もシンプルで大胆なもので、「小商圏における製造小売企業として世界一になる」という宣言に他なりません。

そうなると、ローソンファンを一人でも増やすことが私のミッションになります。そのためには、魅力ある商品やサービスを提供しなければなりません。どこにでもあるような店舗なら、誰もわざわざ足を運んだりしません。ローソンに行かなければ得ることのできないものの提供……それが目指す店舗の姿です。

どこにでもある商品を店に置くだけでは、他社との差別化はできません。原材料や技術の面にまで遡ることで、他社にはない、お客様を感動させる商品をつくり続けなければならないのです。

ネット販売が拡大しているのは周知の事実であり、確かに脅威ではあります。しかし、近所の店で買い物をするという行動がなくなることなどありえません。ネット販売の不得意なもの、つまり出来立てのものや、新鮮さが求められるものは、やはり地産地消のようなかたちに勝るものはありません。そこがローソンの攻めどころでもあると考えています。

薬にしても、デリバリーシステムが進歩して、翌日には配送できるようにはなっていますが、もし熱が出れば、欲しいのは今です。翌日まで待ってなどいられません。リアル店舗の付加価値がそこにあります。顧客の欲しいものをスピード感を持って提供することは、プロフェッショナルマネジャーとして、なくてはならない資質の一つでもあるのです。

店舗の状態もニーズに合わせて変えていかなければなりません。その意味で、私たちの強みである生鮮食品・薬・オリジナル商品などの構成比を上げる可能性もありますし、まだどこも収益化に成功していないラストワンマイル戦略（宅配）を早期に構築することも、テーマの一つであることは言うまでもありません。

04
『理念やビジョンを共有できれば、そのためのトレーニングや課題をクリアしようと努力するし、社員全員が経営者的な視点を持つようになる』

リーダーについて考えるとき、一体何が大事でしょうか。私は自分なりにさまざまな戦いをしてきました。そんな中で、潰れそうな債務超過の会社に向き合ったこともありますが、そうした会社には共通点がありました。従業員や部長職の人、役員などにインタビューすると、返ってくる言葉がみんなバラバラなのです。

壁には「お客様第一」だとか「品質管理の徹底」といった謳《うた》い文句が貼られていますが、誰も本気でそんなことは思っていません。つまり、そこには全社あげて取り組む目標とか、共通認識がないのです。そうした状況の中では、会社の進むべき道を社員が認識・理解したり、頑張ろうという意欲を持つことなど、不可能に近いといえます。

ローソンでは、「私たちは『みんなと暮らすマチ』を幸せにします。」という理念を掲げています。当然、時代は変わり続けています。しかし、どんなに厳しい状況に置かれても、チームとして活動しているかぎり、普遍的に成し遂げるべきビジョンやミッションが必要になります。それがあるからこそ、前進する目標を得ることができるのです。「私たちは『みんなと暮らすマチ』を幸せにします。」と言うのは簡単です。しかし、実践するのはきわめて困難を伴います。現在の景気状況や高齢社会、消費税の問題など、考慮すべき点はいくらでもあります。

働く女性も増加しており、それに伴ってゆとりや自由に使える時間がなくなっているのが現状です。それでも食事はきちんとしたものを食べたい、できればこんなサービスが欲しいといったことが、希望として生まれてきます。それを実現するのが、私たちの仕事だと思っています。

目標が定まっている個人とそうでない個人、目標が定まっている組織とそうでない組織では、当然、推進力が違います。会社という船を漕いでいる全員が、仮にアメリカ本土を目指すという共通理念を持っていれば、風雨にさらされたり嵐に遭遇するのも、当たり前のこととして受け止められます。そこが重要なのです。理念やビジョンを共有できれば、必然的にそれを達成するためのトレーニングや課題を積極的にクリアしようと努力するし、社員全員が経営者的な視点を持つようになってきます。

05

『虫の目でミクロを見つめ、鳥の目で全体を俯瞰する。その繰り返しが真の経営者を育てる』

経営について、よく言われるのが、「木を見るとともに、森を見なければならない」とか「虫の目と鳥の目が必要」といったことです。

しかし、確実に言えることは両方ともに必要だということです。ミクロからマクロまで、すべてを見通していなくては、経営などできません。

ジェニーン氏は『プロフェッショナルマネジャー』の中で、細部までこだわり、大局を忘れない姿勢について、繰り返し述べています。そうしなければ、経営者の証明である成果など出せないのです。

きわめて具体的な木であり、虫という視線で現場を見ます。そして、「なぜ売り場がこうなっているのか」「なぜこの店ではこういう現象が起きているのか」「同じ立地の別の店ではうまくいっているのに、なぜこの店はうまくいかないのか」といったことを大事にして、徹底的に分析します。

そして、それらを眼前に並べたような意識下で、俯瞰して見ます。そもそも論として、現状のままのコンビニエンスストアでいいのか、今後、どのように変わるべきか。高齢社会になる中で、今のような品揃えでいいのか……など、さまざまな視点から考えます。

将来のコンビニエンスストア像を考えなくてはなりません。高齢者の増加、買い物難民、健康意識の高まりなどに合わせ、店舗からお客様のご自宅への宅配や御用聞きを行うサービス、ケアマネジャーが常駐する介護相談窓口を併設した店舗、などのネイバーフッドストアとしての新しい取り組みを始めました。

06
『成城石井のような異分子的な存在の導入により、ローソンは好影響を受けて、変化の時代にこそチャンスをつかむ』

これからの社会、超のつく高齢化が進んでいきます。地方などに行くと、八百屋さんや本屋さんなどは減っていっており、スーパーも経営がきつく閉店せざるを得なくなっているところも多くなっています。そんな中にあって、ローソンなどの小型店、英語で言うと「ネイバーフッドストア（neighborhood store）」ですが、つまり、ご近所にある小さな店舗に対する期待値が上がっているのです。

私たちの仕事はそうした期待に応えなければなりません。スーパーの代替的な機能を持つことはもちろんですが、ドラッグストアの機能が求められていれば、それにも応えなければなりません。その意味で、私たちの業界は、さらに進化を続けなければなりません。

最近ローソングループ入りした成城石井などは、私の考える今後の展開にとって、有意義なあり方を示しています。成城石井は単なるスーパーマーケットではありません。20坪から150坪くらいのスペースで、比較的小型です。狭いスペースの店舗では生鮮三品を取り扱っていないお店もある一方で、肉も魚も野菜も、すべて店内でプロセスしており、切ったものを「いかがでしょうか？」と対面でお客様に売っているお店もあります。

この形態の中に、本当の意味での「ネイバーフッドストア」のエッセンスを見いだすことができます。また、まだ小さいけれど、近所にある店としての本質、製造小売業の原型があり、今後の展望さえ提示してくれています。

コンビニエンスストアという業態で長年働いてきた人たちに、もっとスーパー代替として展開することで、生活支援度を上げていこうと提案しても、なかなか耳を貸してくれません。コンビニエンスストアとしての成功体験が邪魔をして、イノベーションができないのです。

成城石井のようないわば異分子的な店舗展開や考え方を導入することで、私はローソンにも好影響を与えると思っています。つまり、若者中心のコンビニエンスストアから、中高年のためのネイバーフッドストアへと舵を切る絶好のチャンスがそこにはあると確信しています。変化こそチャンスなのです。

07
『逃げ場のないところで
経験を積まなければ、
到来する激動と激変の時代を
生き延びる眼力を持つことなどできない』

10年後のコンビニエンスストアを考えるとき、どうなっているかよくわからないというのが、正直なところです。いずれにしても、次々に押し寄せてくる変化の波に対応し続けていることは確かです。

ジェニーン氏のように、さまざまな時代に即して目標を定め、それを達成し続ければ、必然的に企業は発展します。目標達成のためにＭ＆Ａが必要なら、果敢に挑戦しなければなりません。ジェニーン氏が目標達成のためにあらゆる手段を行使したことで、ＩＴＴをコングロマリットに成長させたように……。それが正しいかどうかは置くとして、できうる限りの手を尽くす姿勢こそ大切なのです。

現在、流通・リテール（小売り）の世界で、140兆円とか150兆円規模で成長しているのは、コンビニエンスストアとEコマースという二つのチャネルです。その中で私どもは、コンビニエンスストアを拠点に事業を展開しています。ネイバーフッドストアとしての特性を活かし、お客様の家の近くでおにぎりや生鮮品などの鮮度が重要な商品をご提供し、お客様の日々の生活を支援しています。一方で、ネット通販で注文した商品を店舗で受け取れるようにしたり、店舗からお客様のご自宅への宅配や御用聞きサービスにも取り組んでいます。

扱う商品もかなり変化するのは確かで、高齢者が増加するわけですから、薬や住宅における介護なども、ニーズが高まると考えられます。リアルの店舗では、成城石井のところで述べましたが、小型の八百屋とか肉屋・魚屋までもが、本当の意味でのネイバーフッドストアのように進化しているかもしれません。そこまで変化し続けられるかどうか、すべては先見性と絶え間ない努力が必要になります。

経営の仕事は経験値の部分が非常に大きく、その意味でいろんな波をかぶってこそ、真のプロフェッショナルマネジャーへの道が開けると信じています。

よく修羅場を経験しなければ、本当の経営なんてわからないという話を聞きます。それはある意味正しい言辞です。逃げ場のないところで経験を積んでいかなければ、これから訪れるであろう、激動と激変の時代を生き延びる眼力を持つことなどできないのです。

08

『新しい商品やサービスだけにチャンスがあるわけではない。埋もれた価値を発掘する中にもチャンスはある』

経営の仕事というのは、当たり前のことを当たり前にできるようにすることです。できなくする阻害要因があれば、それを叩き壊して、できるようにする。必要なら組織を変えなければならないし、企業文化にしても例外ではありません。結果として、利益目標を達成するのが、経営者の経営者たる仕事です。

経営のメンバーとして、私も含めたそれぞれの部署のリーダーは、寝ても覚めても感受性や危機感を研ぎ澄ます努力を怠ってはなりません。つまり、ほんの1ミリでもローソンを前に進めたいという思いが大事ということです。高度な役割を果たす人に必要なのは、やはり感受性と感度と実行力で、これらがすべてを決定するといっても過言ではありません。

例えば、目の前に明らかなチャンスがころがっているとします。それを黙って見ている手はありません。徹底的に追求すべきであり、仮説を立て、実行して、検証しなければなりません。私どもの小売業という商売は、それが大原則です。ときおり小さなチャンスらしきものが見えることがあります。それに目をつぶってはダメで、チャンスの芽と考えて、どのように育つかを検証する必要があるのです。

かつてユニクロでお世話になっていた頃、柳井正氏が言った言葉を今も覚えていますし、まさにそのとおりだと感じ入っています。彼は、10個の売れる新商品を考えるよりも、１個の今売れている商品をどうすれば10倍売れるかを考えたほうが、売り上げを上げるには近道だと言ったのです。これは実に深い言葉です。

業績が落ちてきたり、ヒット商品が出なくなると、経営に焦りが生じ、商品開発の責任者も思考が硬直化しがちです。そこで小さなチャンスにでも頼ろうとします。確かにイノベーションや新たなチャレンジは大事です。しかし、その前に従来の商品の中にも見えているチャンスがあるということです。それを10倍、100倍売れるようにする方策を考える……それも経営者の重要な使命に他なりません。

新しい商品やサービスにのみチャンスがあるわけではない。全体を見て、埋もれがちな価値にも目を向けることもまた重要なことなのです。

09
『一つ一つ確実に問題を解決して前進し、ローソンをより発展させることで、社会や社員に貢献できるいい会社にする』

イメージとして、一つの壁を乗り越えたら、また新しい壁が眼前にそびえ立っているというのが、私のこれまでの生き方です。もう性格そのものといえるかもしれません。逃げずに向き合うことで、なんとかここまでやってきました。

高く厚い壁と向き合い、全身全霊を傾けてそれを打破しようとするものの、ときには破れることがあります。しかし、その経験のおかげで自分が成長していることに気づきます。その最初の体験は27歳のとき、旭硝子でシンガポールに駐在していた１年目のことでしたが、以来、癖になったのか、いつも目の前に壁が見えるのです。

ジェニーン氏も『プロフェッショナルマネジャー』の中で、失敗してこそ成長できると繰り返し言っています。壁に押し潰され、失敗したからこそ、次に万全の策を練ることができます。死守すべきは同じ失敗を繰り返さないことなのです。

私はこれまでキャリアプランなんて考えたこともありませんでした。目の前に壁が見えた時、徹底的に研究し正面から向き合うこと、それが大事だと肝に銘じています。

今は寝ても覚めてもローソンのことばかり考えていますが、５年後、10年後、どういう経営をしているのか、これだという解答はなかなか出ません。しかし、確実に言えることは、コンビニエンスストア業界は今以上に競争が激しくなり、業界の垣根を越えた競争が激化してくるだろうということです。

コンビニエンスストアを維持し発展させるためには、さまざまなコストの問題をクリアしなければなりません。人件費も上がってくるし、原材料費も同様に上がってきます。しかし、そうした現実から逃げることはできません。一つ一つ確実に解決しながら、進むしかありません。

目的はただひとつ。ローソンをほんの１ミリでも前進させて、社会（みんなと暮らすマチ）に貢献できるいい会社にすることです。

10

『他店では手に入らないものを店頭に置き、「あの商品、あのサービスがあるからローソンに行く」という消費者の確かな動機づけを確立する』

2014年の夏以降、ローソンはいくつかM＆Aを実施しました。シネマコンプレックス（複合映画館）のユナイテッド・シネマ（ＵＣ）や高級スーパーの成城石井を買収し、アマゾンジャパンとの共同サービスにも乗り出しました。これはリアル店舗としてのローソンではできないことを、フォローし拡充するためにとった成長戦略なのです。このようなM＆Aの決断のポイントは、その買収が本業であるローソンを強くするかどうかです。

ＵＣはシネコン運営業界では第３位ですが、ローソンが親会社になった効果が確実に表れています。例えば、シネコンの平均稼働率は一般的には３割程度ですが、ＵＣは郊外に映画館が多いために２割強程度にとどまっています。ここに10年に買収した音楽・映像・ソフト販売のローソン

ＨＭＶエンタテイメントのノウハウを投入して、さまざまなイベントを開催することで、着実に客足が増えています。

これはＵＣを支援することだけが狙いではありません。映画事業においての存在感を高めることで、ローソンの店頭に置く人気作品に関連した独自の商品やサービスを増やそうとしているのです。結果として、ローソンでしか手に入らないものが増えることになります。それは他店では決して手に入らないため、必然的に「あの商品、あのサービスがあるからローソンに行く」ことになります。つまり、ローソンに足を運ぶ消費者の動機づけを確実なものにすることにつながるのです。

コンビニエンスストアで直接扱うのは、売れ筋に絞った商品ですから、当然品揃え（約3000品目）には限界があります。店頭で対応できない需要に応えるために、アマゾンの数千万の品目を取り込む必要を感じ、アマゾンとの共同サービスに踏み切りました。

その結果、明らかに成果は出ています。静岡県内のローソンでの先行事例があります。「いつも買っているドッグフードが欲しいけど、ありますか」というお客様に対し、店内の情報端末の「Loppi」を使って、電話でアマゾンが取り扱うインターネット通販商品を購入していただきました。この仕組みは15年には全国１万2000の店舗に導入する予定です。

11
『地域の方々に幸せを提供し、社員と関係者を幸福にできる企業になるため、いかなる試練にもチャレンジし続ける』

企業が成長する過程で、海外進出は避けて通ることのできない道だといえます。しかし、ただやみくもに出店したり、日本式をそのまま移植しても、うまくいく確率は高くはならないでしょう。ローソンは方針として、進出する地域の状況にあわせて、独資で出店したり、あるいは現地に精通しているパートナーを見つけ、手を組むようにしています。

その国の文化やお客様の嗜好に合わせることが成功のカギになります。日本式コンビニエンスストアを活かしつつ、いかに現地に合わせるかが重要です。

例えば、インドネシア人であれば、やはり日本人とは朝食で食べるものも異なりますし、生活形態や価格に対する感受性も違います。その意味で、リテール（小売り）の海外進出はかなり複雑で面倒ではあります。

かのジェニーン氏にも、アメリカ本社で情報が届くのを待っていては海外の正確な状況がつかめないことを痛感し、定期的にヨーロッパなどに出かけて、現地の責任者の声を聞き、現場を歩いて、現状を把握しました。その姿勢が新たな展望を生み、コングロマリットとしてのＩＴＴを支え続けたのです。

海外展開するうえで、まず大事なのは現地を熟知することだと確信しています。どんな仕事でもいえることですが、第一にやるべきことは、徹底的に現場を見たり歩いたりすることであり、現地の経済状況や風俗・生活のあり方などを深く勉強することから始まります。

ローソンがこの業界で世界一になり、地域の方々に幸せを提供し、さらに社員全員と関係者の人たちを幸福にできる企業となるためには、いかなる試練にもチャレンジを続けねばならないと思っています。

12
『シニアも含めた貴重な戦力を活用させてもらえないのは「もったいない」ことだ。すべきことはまだまだ山ほどある』

私どもコンビニエンスストア業界の仕事は、地域の方々のための「ご近所のお店」というのが基本的な姿です。英語で言えばネイバーフッドストアです。地域に根ざしたお店になることができれば、これからの高齢社会はコンビニエンスストアにとってはフォローウィンド（追い風）になると考えています。

これまでは買い物でも、遠くのスーパーであっても出かけていって、大量の食材などを買い込んでいました。しかし、お年寄りの二人暮らしとなると、大根１本買ったり、白菜を丸ごと買うこともなくなります。これもコンビニエンスストアとしてはチャンスに他なりません。スナック菓子やタバコ、カップラーメンといった若者向けの品揃えが当たり前だったコンビニエンスストアも、高齢者が気軽に立ち寄れる姿へと変貌すべきであり、ちょっと出かけて買い物ができる近所のお店へと変貌しなければなりません。また、生鮮食品を扱ったり、ローソンならではの健康食品を扱うなど、健康志向も含めて、シニア世代にアピールできるよう変化することが求められているのです。

私どもの加盟店ではおよそ20万人くらいの人が働いています。そして、現状は人手不足に陥っています。この状態はコンビニエンスストア業界だけの話ではなく、飲食業や外食産業界、建設業界などにも波及しています。そろそろ危険水域に突入しそうだというのが実感です。

そうなるとやはりシニア世代の力をお借りしなければなりません。つまり、どうすれば働いていただけるかを考える必要があるのです。そのためにはシニアの方でも簡単に使えるＰＯＳシステムは不可欠ですし、自動的に精算するようなセルフレジも必要だと思います。シニアの方に働いていただくには、それが可能になる環境整備をすることが重要なポイントになるのです。

今や女性が働くのは普通のこととなりつつありますが、加えて外国の方にも働いていただけるような店舗でなければなりません。せっかくの貴重な戦力を有効に活用させてもらえないのは、まさに「もったいない」ことだと、私は考えています。まだまだ実行すべきことは山ほどあるのです。

13
『マクロとミクロの視点から、適切な仮説を立てて、実行しながら、ＰＤＣＡを高速回転させる』

ローソンの経営者として、大切にしていることは、目標を明確に立てるということです。そんなことは当たり前だと思う人は多いでしょうが、全社員で完全に共有していくとなると、決して簡単なことではありません。

商売に奇策などありません。ただただ日々生まれる多岐にわたる情報を解読し続けるほかなく、ＰＤＣＡ（Plan→Do→Check→Action）をできるだけ高速回転させるしか良策はありません。

ＰＤＣＡを回すのは経営者の役割ですが、Ｐを立てる場合でも、勝てる確率の高い計画を立てるためには、会社全体がお客様目線でなければなりません。でなければ、本当の意味での仮説など立たないし、社長の思いつきなどは仮説とは言いません。次にＤの実行です。実行するにも稟議書に多くの押印が必要だったり、実行するカルチャーがなかったり、スピード感がないようでは、時間勝負のコンビニエンスストア業界では勝ち抜くことはできません。そしてＣの検証へと移ります。これも手抜きのないよう、細部まで突き詰めねばなりません。そして、Ａの行動へと移っていきます。

ＰＤＣＡを高速回転させるためには、そうなっていない状態を解体し一から作り直す……これも経営者の重要な仕事です。何が必要で何が不要かを素早く見極めるには、大局的に見るマクロと細部まで見るミクロの両極の視点を持つことが求められます。非常に変化の激しい現在においては、その視点がますます求められるようになっています。

はたしてこれからのコンビニエンスストア業界は今のままでいいのか、日本を含めたアジアは今後どうなるのか……こうしたマクロの世界を考えると同時に、具体的な商品や現場で起きている空気感にも注力する必要があります。

それらすべてを足し合わせることで、適切な仮説を立てて、実行しながら、できるだけ速くＰＤＣＡを回さねばなりません。すべてはローソンを少しでもいい会社にするために……。

14

『よいチームづくりのためには、自らの力で一からチームづくりをして、お仕着せのものですませようとしない』

大学時代の私はラグビーで、フォワード第３列のフランカーを務めていました。敵にボールが出たら、すぐさま突進して前進するのを止める役目です。自軍のボールの場合は、ときにはボールを持ってスクラムサイドを抜け、もみ合いになれば下敷きになってボールを守らなければなりません。常にボールのそばにいて、基本的なプレーを重ねるとともに、走り続ける。チームの中でも特に運動量が多いポジションでした。

そんな役割が、性格的に向いていました。「もうやりたくない」という思いがあっても、それを積み重ねるうちに、「やれば自分たちにもできる」という思いにつながりました。チームとして勝つための戦術と意志の統一をはかり、そしてチームが一体となって突き進むのです。失敗から多くを学びましたし、決断のスピードが大切なことも、ラグビーから学んだと言っていいでしょう。

ジェニーン氏も失敗から多くを学び、決断はスピード感を持って行うべきだと言っています。まさに経営の神髄がそこにはあったのです。

チームワークの重要性は、痛いほどわかっています。だから、ボトムアップとトップダウンのバランスはいつも忘れないようにしています。ときおり、店舗の経営指導を担当している若いスーパーバイザーを、5、6人ずつ集めて、懇親会を開きますが、これは店舗歩きにあてる時間が減って、現場の情報が届かなくなることを防ぐための手段です。

どんなときでもアンテナは立てていなければなりません。それは好機の糸口を見つけたり、危機の兆候をつかむのには不可欠の行為です。現場から目を離さざるをえなくなったら、必ずそれに代わる方法で、従来以上の情報を得る努力をしなければなりません。もし何かを感じれば、すぐに関係者に電話するなどして意見を聞き、必要に応じて新たなチームを立ち上げ、対処する態勢を整えるのです。

チームづくりは一から始める必要がある。お仕着せのもので我慢しない……これは私の信念の一つでもあります。

15
『絶えず新しい道を模索し、化学反応を積極的に起こす。それが経営の王道である』

会社を動かすのは組織であり、人です。社長に就任して以来、組織を活性化するために現場と本部を直接つなぐなど、風通しを良くする組織改革を行いました。また、経営にはスピーディな決断が欠かせません。M＆Aや有力企業との提携も行っています。映画事業を展開する企業を買収したり、高級スーパーの買収、そして他のコンビニエンスストアチェーンへの資本参加、あるいはネット通販会社であるアマゾンジャパンとの協業、ＳＧホールディングスとの共同宅配会社の設立など、できる限りのスピード感を持って決断してきました。

こうしたことが可能になったのは、私が直接足を運んで提案する前に、チームのスタッフが情報を集めて調査をし、的確な地ならしをしておいてくれるおかげです。

私は、これから消費者の健康志向はますます高まると確信しており、その意味で、ローソンに導入しているのが「中嶋農法」です。土壌診断に基づく良好な土づくりと作物の健全な生育を維持する技術で土壌と作物のミネラル類のバランスをとりつつ、生育状態に即した栄養補給を行うことを実現しています。この農法を開発した会社は、商標と開発した肥料の特許などを持っています。ローソンは今後の食文化の変化に対応するため、この会社を買収しました。

食の「安心・安全」は今後、最も注目されるテーマの1つです。ローソンでは直系農場での中嶋農法の導入はもちろんのこと、店頭で売っているカット野菜を提供してくれている供給農家にも、中嶋農法の導入を呼びかけています。安心・安全で高品質な野菜が増えれば、もちろんローソンの中食の原材料にも使えます。こうした取り組みはローソンが進化するのに不可欠な要素です。新サービスやM＆Aは、そうした進化を促す役目を果たしていると考えます。

私が40歳でユニクロの社長になったとき、矢継ぎ早に外部から人材を採用することで、組織内にちょっとした化学反応が起きて、新たな進化を達成していく過程を体験できました。ユニクロでの経験は、今の私にとって、宝物以外のなにものでもありません。絶えず新しい道を模索すること、そして化学反応を積極的に起こしていくこと……それを私は経営の王道だとも考えています。

16
『多くの出会いを経験し、人生のメンターに出会うことは、壁を乗り越えるための大きな糧となる』

いくつかの企業で働いてきた私ですが、いろいろとよい経験ができたと思っています。しかし、若い方々にそうした転職を勧めるかどうかは別問題です。私のローソンへの転身は、前社長の新浪剛史氏との出会いで始まります。

新浪氏が社長になった半年後、私はファーストリテイリングの社長になり、座談会を共にしました。同じ慶應大学出身で、アメリカ留学や40代前半での社長就任など、共通点が多かったことから、妙な親近感を覚えたものです。その後、ときおり食事に誘われて、事業家同士の論戦もしました。

2009年頃から、何度となくローソンに誘われていましたが、その当時、私は経営支援を請け負うリヴァンプという会社を起業していて、まだ道半ばで仲間も増えていたため、新浪氏の誘いを受け入れることができませんでした。
しかし、新浪氏の誘いも生半可なものではありませんでした。そして何より私が心を動かされたのは、「私たちは『みんなと暮らすマチ』を幸せにします。」という企業理念でした。そして「今後、流通や小売りの世界で戦っていきたい。その究極のグラウンドはコンビニエンスストアだ」という私の思いを、リヴァンプをはじめとする知人たちにもわかってもらえる日が来たのです。
リヴァンプには顧問として名を残し、10年11月にローソンの顧問に就任しました。そして、11年には副社長になり、国内コンビニ事業のＣＥＯに就いたときには、48歳になっていました。
人は出会いによって成長していきます。『プロフェッショナルマネジャー』を著したジェニーン氏も、挫折を乗り越えるためにメンターの力が役立ったと述べています。その意味で、私も多くの出会いを経験しました。
リヴァンプをともに起業した澤田貴司氏や柳井氏、そして新浪氏……すべては大きな糧となっています。素晴らしい出会いに心から感謝しています。

17
『仮説・実行・検証のサイクルを小さなユニットで展開し続ける。そんな組織体にしていくのが当面の課題である』

私は多くの現場を見て歩きます。そのせいでしょうか、加盟店のオーナーから「非常に親近感があり、私たちの目線で話をしてくれる」といった好意的な言葉をかけられたことも少なくありません。これは大切なことで、現場との関係が良好でなければ正しい情報も得られません。より多くの意見や情報によってしか、危機を乗り越えたり、新商品の開発などはできません。つまり、そこに経営の肝があるということに他なりません。

セブン-イレブンはコンビニエンスストア業界の雄ですが、同じことをやっていては、ローソンの存在意義はなくなります。私が考えている小商圏のご近所モデルには、まだまだ多くの可能性があります。もっと地域に密着し、製造小売業として、さまざまなイノベーションを仕掛けて、徹底的に中身を磨いていきたいと考えています。例えば、原材料の調達にまで遡って、いかに製造のプロセスを可視化できるかも、一つのテーマですし、それがお客様に感動を与える商品づくりにつながると信じています。そのためにはＣＲＭ（顧客管理）の機能が非常に重要になってきます。

ローソンも加盟しているPonta会員は6900万人を超えていて、会員の売上比率が60％を超える店舗も出ているほどです。また、この度ＮＴＴドコモと業務提携し、ドコモが新たに提供する「ｄポイント」サービスをローソン店舗でも取り扱うことになりました。5400万人を超える「ｄポイント」保有のお客様がローソンを選んでくださると期待しています。また、ドコモのクレジットサービスであるＤＣＭＸ、DCMXminiを使ってローソン店舗でお買い物をしていただくと、購入額の最大５％相当の特典も受けられるようになります。

チャンスと思えることは、スピード感を持って実行していくとともに、仮説・実行・検証のサイクルを小さなユニットで展開し続けるような組織体にしていくのが、私の当面の最大の課題といえそうです。

18
『戦略はあるし実行する武器もある。大切なのは実行するスピードであり、より精度を高めることである』

ナチュラルローソンは美と健康を突き詰めた健康志向に応えるためのコンビニエンスストアです。

全国１万2000店の中でも､約120店と数は少ないのですが、2001年の創業以来、お客様の要望にお応えして、減塩や低糖質など、さまざまな商品を開発してきました。

こうした取り組みには大きな可能性を感じています。昨今の消費者の健康に対する意識の高まりには目を見張るものがあり、私たちが培ってきたノウハウが、必ず生かせるものと信じています。例えば､ＮＢ（ナショナルブランド）の飲料コーナーを見れば、糖質やカロリーカットの商品がずらりと並んでいます。ビールにしても同じことです。

マチにおいては、健康は大きなニーズとなっており、ナチュラルローソンが取り組んできた技術は、それを実現するベースとなるはずです。ですから、ローソンの将来に向けての方向性として、マチの健康ニーズに応えていくお店になると宣言したのです。具体的には、商品でいえば低糖質のブランパンやナチュラルローソンのマークの入った健康菓子のシリーズなどがあります。

また、セルフメディケーションサポートの分野にも踏み込んで、ＯＴＣ（市販薬）や調剤を扱うヘルスケアモデルの店舗も展開しています。私たちの仕事は、マチのニーズへの対応業ですから、タバコや大盛りの焼きそば弁当を求めるお客様がいれば、その方のために品揃えをしなければなりません。

その意味で、大塚食品との協業による、マンナンヒカリを入れたマンナンご飯を使ったおにぎりやお弁当を開発したり、中嶋農法というミネラルバランスの優れたカット野菜のグレードアップにも取り組んでいます。

戦略とそれを実行する武器もあります。そこで大切になってくるのが、実行のスピードとその過程で習得したさまざまなノウハウによって、もっともっと精度を高めることです。

19
『ビジョン実現の人財確保のために、シニア、女性、外国人へと採用枠を広げ、それに対応する運営手法を実現していく』

ローソンをはじめとするコンビニエンスストアは、すでに社会のインフラになっています。ですから、お客様のニーズが変わっていく中で、それをいち早く察知して対応できる体制をつくっていかなければなりません。そして、それぞれの店舗がその地域のマチにとって不可欠な存在になることが重要です。

そうした努力を続けることこそが、ローソンの継続的な成長を可能にします。ゆえに私たちは、マチに求められる店を実現しようという思いを持った加盟店や社員を心から求めています。同じ価値観と経営理念を共有した組織をつくることこそが、ローソンの今後の展開には欠かせない条件となります。

私たちのビジネスは、加盟店のみなさんが元気であることがすべての源です。ジェニーン氏も言っているように、組織の風通しがよくて活気に満ちていることは、発展のための重要な前提に他ならないのです。確かにそれぞれの地域では競争が激しく、お客様のニーズに応えようと、苦労を重ねているスタッフの姿には頭の下がる思いです。しかし、ローソンが実践しているのは、マチを幸せにするために、小商圏のニーズに対応していくことです。これにはまだまだ成長の可能性と将来性があります。本部では強い商品づくりやインフラ強化に力を注ぎ続けます。店舗の現場では、やはり魅力ある強い売り場づくりと笑顔の接客とクリンネスに注力してほしいと願っています。そして、マチの健康ステーションというビジョンの達成に力を尽くしたいと考えています。

そのためには人財確保は必須条件です。巷では人手不足が叫ばれています。私たちのビジョン実現のためには、人手不足などあってはならないことです。ローソンスタッフという会社をつくったのは、そうした状況に対応できる体制をつくるためでもあります。

新しい人財の確保は、シニア、女性、外国人へと、その採用枠を広げることになります。同時に作業工程を簡素化・簡略化して働きやすい環境をつくる必要があります。ローソンではそうした課題を一つずつ確実にクリアしていますし、その努力は今後も変わることはありません。

20

『加盟店の地位を向上させたMO制度は、地域のオーナーのやる気を引き出し、それが社会に必要な店づくりにつながる』

加盟店のオーナーが複数の店舗を経営するのは、今やどこのチェーンでも当たり前になっています。ローソンではこうした複数店経営を多店舗経営の事業の領域にまで引き上げました。それがMO（マネジメント・オーナー）制度です。この制度によって、店舗経営のプロが続々と生まれています。

MOはローソン加盟店の中でもスター選手的な存在になっています。店舗運営力を買われて、競争の激しい立地で苦戦を強いられている同じエリアの店舗の運営を、本部から任されることさえあります。

MOになるには、いくつかの条件があります。まず、4店舗以上を経営していることと、品揃え・接客・クリンネスなどを評価するミステリーショッパー制度（覆面調査）

で高得点を得なければなりません。その条件をクリアすると、各エリアの支店長が本部に推薦します。その後、ローソンの経営層との面談によって、ローソンの経営理念と方向性が一致しているかどうかの確認がなされます。そして、１年間の研修を経て、晴れてＭＯに認定されるのです。決して、容易な道のりではありません。

ローソンがＭＯ制度を始めたのは2010年春のことです。競争が激しさを増す中で、コンビニエンスストアが社会から本当に必要にされるにはどうすればいいのか……ローソンが出した解答の一つが、加盟店オーナーの地位向上でした。「商品だけ良くしてもしようがない。システムだけを進化させてもしようがない。店全体の総合力を高めないといけない。そこで力強い加盟店をつくる必要があった」のです。

同じ方向性と経営理念を持つ人財が集合することによってこそ、本当の意味での経営が実現するというのは、ジェニーン氏の持論であり、プロフェッショナルマネジャーとして自覚しなければならない要諦に他なりません。

加盟店の地位を向上させたこのＭＯ制度は、地域のオーナーのやる気を引き出すとともに、それが社会にとって必要な店づくりにつながり、ひいてはローソンの経営理念の波及にも役立つものと確信しています。

第3章　プロフェッショナルマネジャー・ノート 2

Professional Manager Note 2

経営の基礎を、ファーストリテイリングの柳井氏に学んだローソン社長の玉塚氏。その経営の教科書となったのが『プロフェッショナルマネジャー』である。日々の経営においてお手本にした『プロフェッショナルマネジャー』の核心部分を、雑誌『プレジデント』の記事を顧みながらまとめてみた。

01

『マネジメントの良否は、
目標を達成するかどうかによって判定され、
達成された目標が高ければ高いほど、
良いマネジメントだといえる』

経営とは何か。ジェニーン氏は、「目標を定めたら、何があろうと必ずそれを達成しなくてはならない」――それこそが経営というものだと言っています。

経営についての評価は、業績というただひとつの基準によらなければなりません。非常に努力をしたとか、メンバーの志気が上がる提案をしたからといって、そこに業績という確実な果実がなければ、何の意味もありません。

またその業績とは、変化するビジネスの世界で長期にわたって持続する成長と実績のことであって、四半期または１年の損益計算書で終わるものではありません。前年に成し遂げたことを当然のように今年も繰り返すことができ、来る年も来る年もあるペースで成長し続けることを意味します。そして、その事実を周知のものとしてまわりに信用させる力がなければなりません。

そこで、ジェニーン氏はＩＴＴの目標の最低線であるボトムラインを、１株当たり利益が年に10％増加することと定めました。そして、毎年やり遂げてきたのです。

「この意味で、私がＩＴＴで20年間かけて築いてきたものは合意された一連の目標に向かい、ひとつのチームとなって全速力で前進し、約束を守り続けた結果としての経営への信頼であったともいえる」

目標とした業績を確実にクリアして、永続的に成長し続ける可能性を示したことで、ジェニーン氏は周囲からの信頼を確固たるものにします。

「最高経営者の第一の役割は、いわば経営チームのクオーターバックとして、ゴールポストはどこにあるか、そこへ到達するにはどうするのかをチームの全員に示し、率先してそのプレーへとチームを導くことだ」

そのためにジェニーン氏は、目標基準として設定されるボトムラインを決めます。このボトムラインはＩＴＴでのすべての努力が向けられる「終点《エンド》」であるとともに、全社員が積極的に自分を賭けることのできる「目的」となるものでなければなりません。

良いマネジメントかそうでないものかは、設定した目標を達成するかどうかによって判定されます。しかし、誰でも達成可能な目標よりも、達成された目標が高ければ高いほど、良いマネジメントだといえます。逆に言えば、目標があまりにも低く、大した努力もせず、誰にでも簡単に達成できるようなものは、マネジメントとはいえないし、マネジャーとしても失格でしょう。

まず目標を定めることで、歩くべき道程を把握できます。同時に、目標地点がわかれば、逆算して今、どの位置にいるかを認識することもできます。それをジェニーン氏は「現実的な確固とした目的を定めること、あるいは終わりから始める素晴らしい点は、それ自体が、その目的に達するためになすべきことを示してくれ始めるところにある」と述べています。

そして、目的を達成するには何をなすべきかが、具体的な形で見えてきます。つまり、ひとつのボトムラインを達成することで、次のボトムラインに行き着くためになすべきことは何かがわかるようになります。この経験は目標達成の手法が順送りに示されるようなものです。その過程を繰り返すことによって、私たちは目標到達へと進んでいく喜びを知るのです。

「自分は何がやりたいのかをしっかり見極めたら、それをやり始めることだ」とジェニーン氏は言います。どうすればやりたいことを達成できるか。それは実際に経験し、肌で感じとることから始めなくてはならないのです。

ローソンには「そこになんとしても目標を達成するこだわりはありますか？」という行動指針があり、目標達成を至上命題としています。さらに玉塚元一氏は、短期の目標と中長期の目標のバランスを崩さないことが大切だと言います。ローソンの商売には3つの徹底という基本があって、短期の数値を追いかけ、それが出来なくなるような状態を無理強いすると、結果的にはお客様を失うと考えます。マネジメント上、目標を達成することは当然だが、バランスをとり、その矛盾といかに戦うかが経営の本質であると語ります。

02

『まず目標を設定し「逆算」せよ。
すると、節目ごとの目標をクリアするために
しなくてはならないことが見えてくる』

1984年に広島県広島市の中心地にユニクロ第１号店が出店しました。

その後、直ちに柳井正氏は、「世界一のカジュアルチェーンになる」と言い始めました。そのためには、まず「100店舗の出店と株式公開」を達成するという現実的な目標を立て、次に「日本一のカジュアルチェーンになる」と決めました。

ジェニーン氏の著書『プロフェッショナルマネジャー』を読んだのは、山口県の小郡《おごおり》という田舎町で、しかも金にも人材にも恵まれない中でのことでした。

それぞれの節目で、そのステップにおける最終形の目標を示し続けました。売上高と利益水準を具体的に定め、そのために必要な人材の能力と人材確保の手段、組織のあり方など、事細かに戦略戦術を明確に示してきました。

こうした終わりから始める逆算発想の素晴らしい点は、節目ごとの目標を達成するためにしなくてはならないことを次々と示してくれることです。

そして、売上高が1000億円を超えたとき、新しい経営チームをつくるため、取締役のメンバーを一新しました。地方出身の小売業が持つ現場感覚だけの経営に限界を感じたからだと言います。

チェーン化の初期には、店舗を標準化することで、いかにローコストでより多くの店舗を出店するかに力点を置いていました。しかし、それだけでは次のステージには進めないと確信したからです。だから、経営チームを入れ替えたのです。

自ら商品を企画し、生産し、販売するというユニクロのビジネスモデルのさらなる成長を目指して、商品カテゴリーも増やしてきました。ユニクロの基本は、ノンエージ、ユニセックスのベーシックなカジュアルウエアでしたが、ウィメンズ、キッズを充実させ、ベビーウエアに続いて、下着などのインナー&リビング分野へも参入していったのです。

「自分自身が信じたからこそ、社員も一緒に『やろう！』と思い、結果として日本一の目標が実現できたわけです」。

03

『常に予測を超えて変化し、
どんな方法や理論も完全には
掌握できない。
ビジネスとは、それほど活力に満ちた
流動的なものである』

私たちは常にビジネスの問題を解き明かすセオリーを求めています。その結果、なんとか答えを得ようと、書店に並ぶ魅惑的なタイトルが掲げられたビジネス書を手当たり次第に読み漁ったりします。しかし、いかなるセオリーの本であっても、いつまでも通用するものではなく、えてして一時的な流行や一過性の処方箋にすぎないことを思い知らされます。そして、そうしたセオリー本は次々に現れては消えていきます。

「私の50年以上のビジネス経験と、その間、何百冊もの本、何千冊もの雑誌記事や学術的な論文を読んできた経験で言えば、そうした理論のどれひとつとして、謳い文句どおりには役立たない」とジェニーン氏も言っています。

そして「公式の組み合わせや図表や経営理論によって自分の会社を経営しようとし、それに成功した最高経営者にはお目にかかったことはない」とまで断言しています。

にもかかわらずジェニーン氏は、ハイスクールも出ていないし、経営理論などまったく知らないのに、自分の事業を運営する術《すべ》を完全に心得ている人々に大勢出会いました。そうした人々をよく観察してみると、事業とともに生き、事業とともに成長したことに気づかされます。前に進めば進むだけ複雑になるビジネスの世界の現実に対応するため、彼らは天与の常識を適用し、実地によって学習したのです。

もちろん、論理や理知や技術や技量に意味がないということではありません。それらはマーケティングやセールス、会計、財務管理、その他ビジネスのさまざまなところで活躍する人々にとって、みずからの道を切り開いていく助けとなるのは言うまでもありません。ジェニーン氏は「それらは、実際への応用が適切とされるとき、縦横に駆使されるべき経営の道具である。しかし、ルールに従って考える必要はない。物事がいつでもなされるやり方に自分の創造力を閉じ込めるのは大いなる誤りである」と言っています。つまり、それらを十分に活用することで、より創造的であるべきだというのです。

「私が言いたいのは、ビジネスとは常に予測のつかない変化を遂げ、どんな方法にも理論にも完全には収めきれない、活力に満ちた流動的なものであるということだ」とジェニーン氏は言っています。だから創造的に対処しなければ、押し寄せてくる難題と苦難を乗り切れないというのです。玉塚元一氏も、予測や仮説は立てるものの、結局実行しなければわからないと語っています。大切なのはいかに実行

郵 便 は が き

おそれいりますが
52円切手を
お貼りください。

1 0 2 8 6 4 1

東京都千代田区平河町2-16-1
平河町森タワー13階

プレジデント社
書籍編集部 行

フリガナ		生年（西暦） 年	
氏　名		男 ・ 女	歳
住　所	〒 TEL　　　（　　　）		
メールアドレス			
職業または学校名			

ご記入いただいた個人情報につきましては、アンケート集計、事務連絡や弊社サービスに関するお知らせに利用させていただきます。法令に基づく場合を除き、ご本人の同意を得ることなく他に利用または提供することはありません。個人情報の開示・訂正・削除等についてはお客様相談窓口までお問い合わせください。以上にご同意の上、ご送付ください。
＜お客様相談窓口＞経営企画本部 TEL03-3237-3731
株式会社プレジデント社　個人情報保護管理者　経営企画本部長

この度はご購読ありがとうございます。アンケートにご協力ください。

本のタイトル

●ご購入のきっかけは何ですか？(○をお付けください。複数回答可)

1 タイトル　2 著者　3 内容・テーマ　4 帯のコピー
5 デザイン　6 人の勧め　7 インターネット
8 新聞・雑誌の広告（紙・誌名　）
9 新聞・雑誌の書評や記事（紙・誌名　）
10 その他(　)

●本書を購入した書店をお教えください。

書店名／　（所在地　）

●本書のご感想やご意見をお聞かせください。

●最近面白かった本、あるいは座右の一冊があればお教えください。

●今後お読みになりたいテーマや著者など、自由にお書きください。

どうもありがとうございました。

重視そしてＰＤＣＡを高速回転で行っていく文化を構築するかだとしています。

ビジネスは科学ではありません。いかなる不易の法則にも従うことはありませんし、機械のように決まった動きをしません。ビジネスは「こういうふうに動くものであり、だから知見と計算によって予見できる」などと考えないことです。会社が経営危機に直面したり、ワンステップ上に行こうとするとき、会社を対応処置のチェックリストで分析したり、ビジネススクールの才知抜群の教授が考案した理論を盲信して、現実を理論に当てはめようとします。しかし、そうした試みはひとつの指針にはなるものの、盲従することで会社運営を成功に導くことはできません。

「なぜならビジネスは、欠点や弱点だらけの、成熟した、複雑な生身の人間が行うものであり、彼らを公式に当てはめることなど誰にもできないからである」

ややもすると、理論・セオリーは机上の空論となりかねない。現実を肌で感じて、各自がそれぞれの諸問題を生身の人間として知恵を絞ることでしか、真の意味での問題解決はできない……ジェニーン氏が述べているのはそういうことです。

04

『ロジカルシンキングだけでは
人間が見えてこない。
「あの人が言ってるんだから
自分も協力しよう」という人間が
会社の内外にいなければ、
事業や商売はできない』

ビジネススクールを卒業してＭＢＡ（経営学修士）の資格を取ったことによって、かえって知識偏重のセオリー信仰に陥り、現実を見る目が失われては何の意味もありません。だからジェニーン氏は「未知の将来を予測する間違いようのない戦略を編み出す方式とされているもの」に過度に依存することを否定しています。

ＭＢＡで学んだケーススタディどおりに経営しても、事業はうまくいきません。確かに経営に対する考え方や技術、方法論を学ぶことは大切です。しかしＭＢＡの〝秀才タイプ〟になってしまってはダメなのです。

実際の経営とケーススタディでは、与えられた条件が違います。一つ一つのケースごとに、そのつど判断してみて、「ひょっとして自分の考え方は間違っているんじゃないか」「もっといい解決法があるんじゃないか」と試行錯誤するとともに、多方面から深く考えなければ、考え方はワンパターンになってしまい、汎用性を欠くものになってしまいます。

毎年何万人ものビジネス・スクールを卒業した経営学修士が、科学めいた理論や方式という武器を手にビジネスの現場に現れます。彼らは、その武器でビジネスの世界を渡り歩こうとします。しかし、バカでない限り、それらの理論が物理法則のようには通用しないことをすぐに悟るでしょう。人間は工作機械やロボットのように精密に、しかも言われたとおりに動くものではありません。ビジネスという建物の、コンクリートブロックや煉瓦《れんが》を接合するモルタルの役目は、欠点や弱点を持つ不定型な人間に委ねられています。理論の前に、人間の心理を知らなければ、ビジネスを立派な建物に築き上げることなど不可能なのです。

その反対に現場で叩き上げてきた人間は、セオリー先行の方法論についてはあまり精通していないものです。その結果として、自分の考えを相手に伝えたり、何か問題点が生じたとき、それをまとめたり整理したりして、ひいては分析するようなことがきわめて苦手です。

その点、ＭＢＡを持っている人は、厳しい教育と訓練を受けてきただけに、さすがにビジネスでの難問を上手にこなすし、考える力もあります。

だが、その能力をいかに活かすかは、個人次第です。ただ、明言できるのは、ロジカルシンキングだけでは、人間が見えてこないということです。いくら同じ表現を使っても、人によってまったく異なる意味に受け取ることがあるからです。

玉塚元一氏も頻繁に加盟店に出向き、現場の声に耳を傾けています。直接話を聞く中で、相手の表情や言葉への熱の入り方などから微妙な空気や文脈を読み、奥に潜んだ問題やチャンスの糸口を見つけ出しているのです。ロジカルに考えることも重要ですが、現場の最前線で顧客に接している人間の表情や肌感覚をつかんで正しい仮設を導き出すことがより重要なのです。

同僚や上司、部下、取引先と顔を突き合わせ、人柄や考え方をつかむ努力もしないで、「俺の指示は的確だから、言えば聞くだろう」と考えることは、勝手な思い込みです。「あの人が言ってるんだから自分も協力しよう」という人間が会社の内外にいないと、事業や商売はできないというのです。

05

『人は失敗から学ぶ。

成功から学ぶことはめったにない。

創造的な失敗と経験を重ねることで、

やがてリーダーへと成長していく』

「世の中が大不況のどん底にあった20代の初め、その長きにわたって私を導いてくれることになった知恵のかけらをわがものにした」とジェニーン氏は言っています。

ともかくビジネス界で生き抜くために、学費もままならない中で、出たり入ったりしながら８年もの間、彼はニューヨーク大学夜間部に通います。

そこで出会った恩師・フーピンガーナー教授は、学生たちに次のようなアドバイスをします。「諸君がビジネスで成功したかったら、自分が属する場所で上位20％の中に入ることが必要だ」と。

確かに上位20％に入っていれば、不景気なときであってもレイオフされることもなく、経験を積み続けることができます。また、景気が回復すれば、蓄えた経験のおかげで急速に昇進することもできるようになります。

ジェニーン氏は、「大不況は私を仕事から仕事へと渡り歩かせ、絶えず何か新しいこと」をする動機づけになったと言うのです。単にある職業に就いて、誰でもできる反復的な仕事をしているだけでは、教授の言った「経験」を積むことにはなりません。

そこで彼は常に、仕事に向かうときはいつでも、やるべき物事を前よりも少しでもうまくやる方法を見つけようと試みます。そして、あらゆる物事に対して熱意を持って臨むように心がけたのです。

私たちは、何も考えず、ただ与えられた仕事を淡々とこなして日々を送ることもできます。しかし、それではみずからの成長を望むことなどできないというのは、ビジネスに限らず、ひとつの真理といえます。

「私たちは自らの努力による経験によってのみ何かを勝ち取ることができる。経験とは何か新しいことを発見し、能力の成長と蓄積をもたらすプロセスである」とジェニーン氏は言っています。

そのためには、目を閉じて内にこもっていてはダメで、外へ出て行ってしっかり目を見開いて現実を見る……そういった種類の経験を意識的に探し求めなくてはならないと、彼は考えたのです。

そして、必要に応じて、手を伸ばし求めるものをつかみ取らなくてはならない。

「必要だと感じたら、あらん限りの知能を絞って、何かより良いもの、何か新規なもの、従来の物事のやり方とはどこか違ったものをつかんでこなくてはならない。それが創造的経験というものだ」

ビジネスの世界に限らず、よく言われるのが「失敗から学べ」ということです。ありきたりの言葉のようですが、ジェニーン氏は失敗するにしても、創造的に失敗しようと考えます。「たとえ失敗したとしても、やることが創造的ならば、失敗する経験という宝をひとつ増やしたことになる」と。

「人は失敗から物事を学ぶのだ。成功から学ぶことはめったにない」とジェニーン氏は言っていますが、これは別に優秀な人材に特有のことではありません。「平凡な普通の男女が、失敗を重ね、経験をきわめることによって、ビジネスやその他の分野のリーダーとなる」というのです。

この言葉からもわかるように、単に失敗しても大丈夫だと言っているのではありません。絶えず創造的にチャレンジした結果としての失敗こそが、自身を高めることになると言っているのです。

「自分が選んだ分野でまず経験を積めば、金銭的報酬は後に続く」とジェニーン氏は続けます。そうです。金銭的報酬を先に求めるのではなく、まず良い経験を積むような黄金の日々を送れと言っているのです。

06

『自分は何をやりたいのかを

しっかり見定め、それをやり始めることだ。

言うのは簡単だが、行うのは難しい。

肝心なのは行うことである』

ジェニーン氏も言っているように、失敗を経験してこそ、次なる成功への道があり、そこには必ず成功につながる芽が潜んでいると言います。

しかし、失敗の経験をそのままにしていては、何の意味もありません。実行した個々の内容を具体的に分析し、因果関係が明らかになるまで考え抜かなければ意味がないのです。そして、分析の経緯と因果関係をしっかりと記憶するのです。

ジェニーン氏は「経営の秘訣」の最後の言葉として、「自分は何をやりたいのかをしっかり見定め、それをやり始めよ。しかし、言うは易《やす》く、行うは難しだ。肝心なのは行うことである」という一文で締めくくっています。

そうです。実行しなければ、何も生まれません。いくつもの失敗を犯しながらも、ジェニーン氏のＩＴＴは躍進し続け、世界の主要市場のすべてに進出したいという考えは一時として揺るぎませんでした。

「あらん限りの知能をしぼって、何かより良いもの、何かまったく新しいもの、従来の物事のやり方とはどこか違ったものをつかんでこなくてはならない。それが創造的経験というものだ。やることが創造的ならば、失敗すら経験という宝をひとつ増やしたことになる」という信条をもっていたジェニーン氏ですが、失敗に関してこうも述べています。

「間違ったり、過失を犯したりするのは恥ではないと私は本気で言っているということを、マネジャーたちに納得させるのにしばらく時間がかかった。過失はビジネスにつきものであり、そのように扱われるべきものだ。唯一の本当の間違いは、間違いを犯すことを恐れることだ」

　このように失敗を恐れていては前進できないことは、ジェニーン氏も繰り返し述べています。ただ、失敗を活かすためには、徹底した再考察を自らに課さなければなりません。でなければ、せっかくの意義ある失敗さえも不毛なもので終わってしまいます。

07

『プロフェッショナルマネジメント
という最高の芸術には、
「本当の事実」をそれ以外の情報から
「嗅ぎ分ける」能力、さらに手もとにある
「揺るがすことのできない事実」を
確認する能力が求められる』

どんな組織・企業でも、ある一定の規模になると必ず組織図がつくられます。その目的は、誰が何を受け持ち、誰は誰に従属するかということを示すためです。だから、組織図に表される公式の機構はおおむね、一般社員の労働力という力が底部で全体の組織を支えるような仕組みになっています。そして、その上にさまざまな監督的機能を持つ経営層が積み重なることで、会社なら社長という頂点に達します。

こうした構造は決められた正規の命令系統に従って情報が上層部に達し、それを受けて命令が下されることを表しています。誰もがその階級社会の中での自分の位置と責任を組織図によって確認します。そこでは論理と秩序が最も尊ぶべきものとされています。

「私にとって、組織図にはもうひとつ大切な目的がある。それは、人々が秩序ある理にかなったやり方で、意思と情報を伝達することができるよう、対等に発言しあい、自由奔放に想像力と創造性を発揮できる雰囲気のある自由なコミュニケーションをつくるというものだ」とジェニーン氏は言います。

形ばかりにこだわっていては、組織は硬直化します。その状態を打開するには、社員同士の意思疎通が重要であり、それは企業の潤滑油となります。そこでジェニーン氏は、対等な立場で発言しあったり、自由に想像力と創造性を発揮できるようなコミュニケーションが大事だと言っているのです。

また、秩序ある理にかなった手法で、想像力と創造性を発揮できるようなコミュニケーションを実現することは、経営者が自らの目標を達成するためには絶対に不可欠な、「事実の完全把握ができる組織」を構築するための手段でもあります。

ジェニーン氏は組織を活性化させるプロフェッショナルマネジメントを最高の芸術と考えています。それを達成するには、「本当の事実」とは何かを、それ以外の情報などから「嗅ぎ分ける」能力が必要だと、ジェニーン氏は言います。さらに今自分の手もとにあるものが「揺るがすことのできない事実」であることをしっかり確認するひたむきさ・知的好奇心・根性と、必要な場合には無作法ささえも備えておく必要があるのです。

ジェニーン氏はＩＴＴのエグゼクティブたちに、豊かな想像力を持つとともに、いかなるものに対しても革新的な視点で考察する創造性を実現してほしかったのです。しかし、それが可能になったとしても、彼が成功をおさめるには、さらに徹底した客観性が求められました。直面している状況から事実を正確に抽出して、それを客観的に扱う必要があります。つまり、事実を客観的に眺めることは、経営を成功させる最も重要なポイントのひとつなのです。

玉塚元一氏も、経営に奇策はなく、仮説、実行、検証を高速回転していくしかないと話しています。勝てる確率の高い仮説立案の出発点は〝事実の把握〟です。だから事実を把握することへの執着心を持たなければならないのです。そのため、現場の社員との意見交換の場を数多く設けたり、加盟店オーナーとメールで日々情報交換を行っています。いかに机上の空論でない勝てる仮説を立てられるかは、現場で何が起きているかを把握する嗅覚が必要なのです。そして速やかにそれを実行するのが経営の本質であると語っています。

組織図はその構造を説明するためだけのものではありません。組織図に含まれるすべての人たちを、売り上げをあげて企業を発展させるという「揺るぎない事実」のもとに、一致団結して機能させることが、何よりも肝要なのです。

そしてジェニーン氏は「緊密な人間関係によって組織を結束させたときに、初めて真の経営は始まる」と、経営の神髄を述べています。

絶えず新しいアイデアを掘り起こす熱情を忘れず、主張すべきことがあれば、恐れることなく誰でも発言できる……こうした人間関係の緊密さこそが、会社の連続した確実な進展を生む主因子だとジェニーン氏は言うのです。

私たちは組織図を眺めて、組織の構造を把握します。そして、組織図には経営者の理念・思想さえも反映されていると考えたほうがよさそうです。

08

『どの会社にも二つの組織がある。
ひとつは組織図で示された
公式のものであり、
もうひとつは会社に所属する男女の、
日常の、血のかよった関係である』

ファーストリテイリングが初めて組織図を書いたのは、1990年11月のことで、それは「世界的な企業になりたい」という最終的な形に会社を到達させたいと思ったときでした。そのためには株式公開をしなければならないと考え、公認会計士の教えを受け始めました。

左端に会社の機能を書き出し、その横に各部門の目的、追求すべき目標と指標とキーワードを書きました。そして次に、それぞれの役割を誰にやってもらうかについて、具体的な個人名を掲げ、右端に部署の名前をつけてみました。

ジェニーン氏は「二つの組織」について、次のように書いています。「どの会社にも二つの組織がある。そのひとつは組織図に書き表すことのできる公式のものであり、もうひとつはその会社に所属する男女の、日常の、血のかよった関係である」と。

会社の規模が大きくなると、組織は安定して強固になると思いがちですが、実は逆で、ちょっとした失敗が致命傷になりかねないのが現実です。会社を潰さないためには、企業全体を動かしていく目標と計画が必要になります。当時のファーストリテイリングは、会社の仕組みや組織を一からつくり直さないといけませんでした。

企業が成長し続けるためには、まず会社の事業目的と経営理念を明らかにしなければなりません。そして、それに共鳴してくれる人材を集めることも重要になります。当然、仕事をするための組織は大切です。しかし、それを効率よく機能させるためには、現場の社員と熱い情熱を語り合って、思いを共有できるような関係を築かなくてはなりません。

「組織図に含まれるすべての人びとを共同一致で機能させ、何よりも肝要な緊密な人間関係によって結束させた時に、初めて真の経営は始まる」

組織図は重要だが、やはり最終的には有機的に活動する人たちと緊密な人間関係をつくり、一致結束して目標に向かうことが肝要なのです。そうして初めて本当の意味での経営が始まるのです。

1億円の商売と10億円の商売は違うし、100億円の商売もやり方が違ってきます。だから経営トップが組織図を書くという作業をやり続けなければ、組織は硬直化してしまうのです。絶えず時流を把握し、人々の嗜好・ニーズを分析して、組織図をつくり直す作業を怠ってはなりません。組織ができあがると、人は組織の論理を優先するあまり、変化を求めず、安逸をむさぼろうとします。なぜなら、それが楽だからです。

こうした傾向を打破するには、組織は仕事をするためにあること、決して組織のために仕事をするのではないということを、決定的に知らしめ認識させる必要があります。

よく会社のために働くという人がいますが、その考えは誤りです。会社というものは、そもそも働く場所なのです。そこで自分を磨き、目標を達成する喜びを味わう場所なのです。その認識を持っているかいないか、そこには大きな違いがあります。

そのためには、絶えざる組織改革が必要であり、現実に即した形で、柔軟に人材を異動させる必要があります。柳井正氏は、組織図は毎日でも変えたいと思っていると言っています。

ファーストリテイリングでは売上高が1000億円を超えた時点で、実際に経営執行陣に対して、もっと上を目指したい旨を伝え、そのために行うべき改良点についての考え方・やり方を明確にしました。そして、次々にハードルを高くして具体的な要求を出していったのです。

09

『真の経営の神髄は
チームワークの構築であり、
正当な人事評価である』

ジェニーン氏は、事実には「揺るがすことができない事実」「表面的な事実」(一見事実と見える事柄)と「仮定的事実」(事実と見なされていること)、「報告された事実」(事実として報告されたこと)、「希望的事実」(願わくば事実であってほしい事柄)の五つがあると書いています。事実を確定するためには、現場の人間と実際に顔を突き合わせる、自分の目と耳で確かめる以外、方法はありません。

「われわれは仲間の見解に耳を傾けることによって、市場や世界経済や貿易や国際法やエンジニアリングや、そしてもちろん企業経営の技術に関する知識を深めた。そればかりか、われわれ全員はひとつのチームだった。その結果として、働くシンクタンク——経営に関する問題を解く機械装置のような機構となった」とジェニーン氏は言います。

玉塚元一氏もチームワークの本質は、それぞれの役割を持ったメンバーが、当事者、主体者意識を持ってそれぞれの役割を高いレベルで全うするということから生まれる信頼感であると話しています。ラグビーでたとえると、走ってきた相手をタックルする役割の選手が抜かれたら信頼関係が失われる。要はそれぞれの各人の責任を全うするということがチームワークを実現すると元ラガーマンの玉塚元一氏は説明します。

ファーストリテイリングでは売上高が1000億円を超えたときに、店舗運営に関する思想を逆転させました。つまり、商売という場面では、店舗が主役であり、本部はサポート役というあり方に変えました。店長という役職を本部スタッフに昇格するための登竜門ではなく、会社の主役にしたのです。店長であることこそが最大の誇りであり最終目標でありうるように、報酬体系も変えたのです。

現場の店舗の「自立と自律」を達成して、店長としての仕事を全うすれば、本部に勤務するよりも高収入が得られるスーパースター店長制度も導入しました。結果、スーパースター店長は、理論上、3000万円を超える年収も可能になりました。もちろん、人間はお金のためだけに働くわけではありません。働くこと自体にやりがいを感じることが、正当に評価され、認められるべきなのは言うまでもありません。経営者として、店をつくったり、潰したりをゲームのように楽しんだ時期があったことも決して否定しないと、柳井正氏は言います。しかし、真の経営とはチームワークであり、正当な人事評価だという点は、今も昔も変わることなく信条とするところなのです。

10

『問題が生じる前に、

うまくいっていないものがあれば

素早く見つけ、原因を究明して、

効果的な解決法を見つけだす。

問題が起こってから解決するのでは

不十分である』

「経営する」とはどういうことか。答えは簡単です。「何かを成し遂げること」だと、ジェニーン氏は言います。つまり、マネジャーとしての役割を果たすべき個人なり、マネジャーのチームなりが、努力するに値することとして始めたことについて、最後までやり遂げることです。

したがって、一度その年の事業計画と予算を定めたのなら、売り上げ、市場占有率、収益その他のいかなることであっても、達成すると誓ったことについては、なにがなんでも成し遂げなくてはならないのです。かなり近いところまでできたからいいとか、来期には達成できるといった問題ではなく、決めたことは約束事と同じで、必ず達成することを守り抜かねばなりません。それが「経営する」ということの本当の答えです。

そのためには、経営者は自分の責任の範囲のあらゆる活動について、しっかり掌握していることが重要になります。うまくいっていないものがあれば、問題が生じる前にその問題点も素早く見つけ、原因がわかるまで究明しなければなりません。ひとつの解決法に効果がない場合には、効果のある解決法が見つかるまで、いろいろな方法を試みて解決しなくてはなりません。「問題が起こってから解決するというのでは不十分だ」とジェニーン氏は強調してから、さらに次のように続けています。

「良い経営計画とは、将来起こりそうな問題の予見と、それらを回避するためにとるべき手段と、事前に回避することができなかった場合には、ただちにそれらを処理する方策が包含されたものである」と。

計画を立てたら、計画遂行の過程で起こりうる問題をまず考えておきます。そして、問題を事前に回避する対処法を同時に準備する必要があります。それでも問題が生じた場合のために、問題解決の方策まで準備しておくことが求められるというのです。そこまでの用意周到な準備をしてこそ、それは良い経営計画だとジェニーン氏は言います。

このようなことはさまざまな経験をくぐり抜けることで学び取ることができ、そして、ひとつの会社なり事業部を統括するような立場になったときには、実行すれば効果のあることと効果のないこととを嗅ぎ分けるための、いわばシックス・センス（第六感）のようなものが身についている必要があるのです。

良い経営者には、数多くの選択肢の中から、直面している状況と問題、そして人間的な要素を的確に分析し、最善のコースを選ぶ能力が備わっているものだとジェニーン氏は強調し、こう続けます。

プロフェッショナルマネジャーは「すべての問題を解き、目標に到達し、ベンチャーを見事に成功させる全能者でなくてはならないと言っているのではない。スポーツの場合でも、どんなに強いチームでも全部のゲームに勝つことはできない」のだからと。ただし、たとえ負けることがあっても、大部分のゲームには勝たなければならないのです。

チームの中で誰かひとりでもスランプに陥っているのなら、必要と思われるあらゆる助力をチームの全員で提供しなければならないし、場合によっては全員で経営することになるかもしれないが、それもまた良しというのです。

「実績のみが実在」であり、実績こそがチームとしての「自信、能力、勇気」を証明する「最良の尺度だ」と、ジェニーン氏は断言します。実績こそが、その人物を際立たせ、眼前の実在として認識させる力を持つのです。

そしてジェニーン氏は「経営者とは、実績をもたらす人間のことなのである」と言い切っています。実績をもたらさなければ経営者ではない。そのような人物は経営の場から立ち去れということでしょう。

11

『予期できなかった問題を発見し、
そうした状況の95％に対処できれば、
残りの時間とエネルギーを、
網の目を漏れた2、3の大きな問題の
処理に向けることができる』

一般的に多くの会社では、問題点を指摘したり、解決策を提案しようとする人に対して、暗黙のルールのようなものを課しています。それは自分の直属の上司を飛び越えて、その上の上司に直截に具申してはならないというものです。

つまり、何か直言したいことがあれば、必ず直属の上司に伝えるべきで、さらに上には直言するな――つまり、上司の顔を潰すようなことはしてはならないというわけです。これはまさに情報のヒエラルキーであり、こうしたルールをつくることは、ナンセンス以外の何ものでもありません。

玉塚元一氏もローソンでは強烈なトップダウンと同時に強烈なボトムアップを実践しています。本社スタッフには最大の顧客はお客様とお客様を店舗で迎える加盟店だと伝え、店舗指導員（スーパーバイザー）の仕事を支援することが一番大切な業務だと徹底させています。

こうして常に現場の声を大切にする環境を作っています。

また、店舗にとって意味のない事は無駄な仕事だとして省き、業務の効率化とスピーディーさを図っています。

ジェニーン氏は、次のように強調しています。

「最高基本方針として、スタッフ系の人間はだれでも、会社のどこへ行ってどんな質問をしてもよく、その結果として発見したことを私のオフィスへ直接報告できるようにした。ただし、その報告を提出する前に、自分が何をしようとしているかを、報告内容に関係のあるマネジャーにはっきりと知らせることが、ただひとつの条件だった」

ややもすれば情報のヒエラルキーは閉塞感を蔓延させてしまいます。それを打開するのには、やはりジェニーン氏が言っているような手法がベストです。特に報告内容と関係しているマネジャーには、必ずその内容を伝えておくのが条件になっているところは、会社は働くためにあるという彼の考え方に合致しています。抜け駆けやチームワークを乱すような行為は絶対に許さないという信念が、そこには感じられます。

ジェニーン氏が経営責任者を務めていたＩＴＴの基本ポリシーのひとつは「びっくりさせるな（ノー・サプライズ）！」ということでした。

これは、予期しなかった問題を発見して、大きな障害になる前に対処し、手遅れなどになって「びっくりさせないでくれ」ということです。また、対処するのが早ければ早いほど、解決するのもまたそれだけ容易になります。もちろん、すべてのものを早期発見することはできないかもしれないが、手遅れにならないうちにそうした状況の95%に対処できれば、「残りの時間とエネルギーを、網の目を漏れた2、3の大きな問題の処理に向けることができよう」と、ジェニーン氏は述べています。

すなわち、失敗の予兆を早期に察知して、対処するということです。まさに経営の基本といえるものです。早期に察知して対処できれば、失敗して動く後始末よりも圧倒的に効率がいいのは、言うまでもありません。加えて、対応に要する時間や経費なども、10分の1程度に減ることでしょう。

そうした失敗の前兆をはっきりと指摘し続けること、指摘できることが、「ノー・サプライズ経営」のあるべき姿なのです。

そのためには、やはり風通しのいい、情報が自由に行き交い、経営者の耳に正確で詳細な経営のための材料が集まることが重要になります。先にも述べた「情報のヒエラルキー」などは、論外だということです。

12

『リーダーシップは
伝授することはできない。
それは各自が自ら学ぶものだ』

組織をリードしてあるべき目標に一致団結させるリーダーシップは、まさに経営の核心です。共同の目標とは何かという概念を組織全体に行き渡らせ、そのために組織の結束をはからなければなりません。

自らのリードに従うよう仕向ける優れたリーダーシップは、組織内や企業内には誇りとエネルギーを生じさせるとともに、それらをますます強化させる弾みをも内包させます。その結果、自分たちにできるとは思ってもいなかった結果を生み出すことになるのです。

「目標へ向けての結束した衝動の原動力となるのは、論理ではなく、深いところに内在する情緒であるべきだ。なぜなら経営とは人間相手の仕事であり、企業経営を見極める最も本質的な要素は情緒的態度だからである」と、ジェニーン氏は言います。

理論やセオリーでは人は動きません。結束して頑張ろうという根底にあるのは、人間の持つ情緒的な部分なのです。それを見極めて、積極的な方向に情緒を向けさせること……それがリーダーシップです。

ジェニーン氏はＩＴＴの最高経営責任者に就任した頃に目指したのは、人を活気づかせるような挑戦的で創造的な雰囲気を企業内につくりだすことでした。

ただ会社や出世のためだったり、あるいは自己顕示欲のためではなく、社員全員が一人として欠かすことのできないチームの一員であることを自覚すること。そして、チームの一員として、これまでは勝利することなど不可能だと思われているような困難なゲームに勝つためのプレーをする……そのことに誇りと満足を覚えるようにさせたかったのです。

そのために、ジェニーン氏はメンバーと一緒にボートに飛び乗って、オールをつかんで漕ぎ始めます。「繁栄への重要な要素は、経営組織の上下を通じて、開放的で自由で率直なコミュニケーションを定着させることである」との信念のもとに。

そこには「われわれ全員はひとつの目標に向かって力走している、同じ救命艇の乗り合い仲間なのだ」との思いがありました。それが、ＩＴＴの仲間の根底にある哲学でした。彼はボートの後尾に座って自分は何もしないで、部下たちにすべてさせるような、あるいは奴隷たちを死ぬほどの恐怖で縮み上がらせるような船長にはなりたくなかったのです。ともかく、乗り込んだボートは、メンバーとともに必死に漕いで前進することが、ジェニーン氏にとって重要な態度・姿勢だったのです。
「一口に言えば、沈むにせよ生き延びるにせよ、われわれは同じボートに乗り込んで、今から必死に漕がなくてはならないが、最後には、われわれ全員にとってやるだけの価値があったことが証明される」と、必ず思えるであろう確信をジェニーン氏は持っていました。
そして、リーダーシップが何より発揮されるのは、言葉ではなく態度であり行為においてだということも理解していました。そのため彼は、ＩＴＴにおいて誰よりも長時間、一生懸命に精を出して働いたのでした。
そこにはリーダーのあるべき態度があります。リーダーのそうした情緒的な献身は、会社の目標達成に向けた努力というだけでなく、スタッフたちは自分たちに対するものであるという感じさえ持つようになります。
やがて、スタッフたちはジェニーン氏のそうした情緒に同調するようになり、進んでそのリーダーのリードに従うようになるのです。

13

『一番いい会社とは、社長の言っていることがそのとおりに行われていない会社である』

コンビニエンスストアをはじめ、小売業においては、お客様との接点の最前線である現場が重要だと考えられます。

ローソンでも店舗から社長である玉塚氏に直接メッセージを届けることが出来る「社長直行便」という仕組みがあります。玉塚氏も自身の店舗巡回に加え、現場で働く店舗指導員であるスーパーバイザーを集めて話を聞く場を頻繁に設けて、現場の意見を直接吸い上げています。時には、本部の施策の進捗状況を確認し、不具合があれば直ちに修正しています。店で働く人々のさまざまな「気づき」がどんどん本部に伝わってこなければ、商品の品質向上もできないと言います。

店で働く人が、「この商品のここはもっとああしてほしい」とか「こうしないと売れない」と感じたのであれば、お客様はもっと強く感じているはずです。それをただちに本部に伝えてもらうことが大切なのです。そうなるには、商品を売らされるのではなく、自ら商品にコミットし、自分で売る感覚を日常化する必要があります。

そこで大切な前提となるのは、社長も社員もパートであっても、すべてが「対等」であるということを、働く人たちが現実に実感できることです。お互いに努力してひとつの目標を実現したいと思えるのは、全員が対等だと信じられるからです。これがあって初めて、経営や店舗運営におけるリーダーシップが発揮できます。

リーダーシップは「最高経営者と彼を中心としたトップ・マネジメント・チームの性格の反映として、どんな企業の中にもあって、それぞれの会社の個性をつくり出している。私の考えでは、リーダーシップの質こそ、企業の成功をもたらす処方に含まれる最も重要な成分である」と、ジェニーン氏は言っています。「リーダーシップの質」とは、全員が対等であり、現場の人が自分で考え、自分の本当の意見を出しあえるような現場ができているかどうかで決まるのです。これに関連してジェニーン氏は、「私の考えでは、楽しい繁栄の雰囲気をつくるのに最も重要な要素は、経営組織の上下を通じて、開放的で自由で率直なコミュニケーションを定着させることである」とも書いています。これはまさに人を動かすための大原則です。

事業はスポーツに似ています。例えば、サッカーでいえば、監督はゴールの所在を告げ、ゴールにたどり着くためのルールと戦略を示し、選手の適性に合うポジションを割り振り、厳しい練習を重ねます。事業も同じでリーダーが目標や戦略、方法論などを示すことはあっても、「あとは個々に考えて、一緒にやりましょう」と社員に言うべきなのです。そして、ジェニーン氏もリーダーシップについてこう発言しています。「私に固有のリーダーシップの感覚の傾向として、それを成し遂げる最善のやり方として選んだのは、ほかの人びとと一緒にボートに飛び乗り、オールをつかんで漕ぎ始めることだった。仮に名づけるなら、参加型リーダーシップと呼んでもよかろう」と。

そして「リーダーシップの質こそ、企業の成功をもたらす処方箋に含まれる最も重要な成分である。リーダーシップとは、共同の目的を遂げるために、他の人々をチームとして結束させ、自分のリードに従うように仕向ける能力である。リーダーシップは学ぶことのできるものだ」。

さらに「リーダーシップは、言葉よりも態度と行為によって発揮される。言うのはやさしいが、いったん問題が起こったとき、そうした信条を貫き通す最高経営者がどれだけいるだろうか。何人が自分の職業的経歴を危険にさらしても、自分が統率するマネジメントチームと労働者をかばうだろう。あるエグゼクティブがたった一度でも部下を裏切るなら、彼はその部下の経緯と尊敬を永久に失う」と。

14

『大事なのは、定められた時刻どおりに
業務を遂行することではなく、
想像力と創造的な考えを封殺したり、
また、ひらめいた機会を
取り逃がさないことである』

エグゼクティブたちの、机の状態を見ると、ジェニーン氏は二通りのパターンがあると言います。ひとつは机の上がきれいに片付いていて、整理整頓が行き届いているエグゼクティブであり、もうひとつは整理整頓を放棄しているように机の上が散らかし放題のエグゼクティブです。

彼の経験からいって、「きれいな机の主はビジネスの現実から隔離されており、他の誰かに代わって運営してもらっている」と指摘します。何もしていないのだから、机が乱れることもないということでしょう。もちろん本人はそうは思っていないかもしれません。むしろ、「自分は会社の長期戦略を練っているのだ。きれいな机こそが、組織化された頭脳の持ち主である証拠だ」と言うかもしれません。

そして、大切な書類はすべて、しかるべき場所にファイルされていて、彼の一日は処理すべき案件ごとに細かくスケジュールが組まれ、そのとおりに業務を実行しているのだと、主張するかもしれません。

「彼らは自分のオフィスのどこに何があるかを心得ているのと同じように、ビジネスがどこへ向かっていこうとしているかを正確に知っていると思っている」とジェニーン氏は言います。そして、「ばかばかしい！」と言い放ちます。

きれいな机は、次のようなことを表していると彼は言います。つまり、「科学的経営」という妄想であり、「ビジネススクール仕立ての方式」への過信であり、「データの整理保存への、過度に厳格な時間の配分」であり、「機構化した権限移譲」の弊害であり、そしてまた「未来が自分のプランどおりのものを生み出すという当てにならない確信に基づいた無保証の自信と、独りよがりへの固執」です。そんなものは、夢にも信じてはならないとジェニーン氏は断言します。

本当に仕事をしているエグゼクティブには、予測のつかないあらゆる事例が常に降りかかってきます。予定どおりに物事が進んだり、待機していれば思いどおりの結果が出るといったことはありえないのです。

予定どおりにいかないのは当たり前のことであり、会議などは、特に終わる直前に素晴らしいアイデアが生まれたりするものです。大事なのは、定められた時刻きっかりに業務を遂行することではなく、想像力と創造的な考えを封殺したり、ひらめいた機会を取り逃がしたりしないようにすることなのです。

その意味で、本当に仕事をしているのであれば、同時に机の上をきれいにしておくことなど不可能だとジェニーン氏は言います。ひとつのプロジェクトに取り組んでいる際には、同時に進行する数えきれないほどの業務があります。だから、電話は鳴るし、重要なメールも届き、やむにやまれぬ非常事態は発生します。

そんな中で、机の上をきれいに整理整頓している余裕など生まれるはずもありません。ですから、机が散らかっていることとは、「前進する会社の事業に、全身全霊で没頭している証なのである」と言うのです。

15

『あなたの社長の机の上がきれいだったら、あらゆる業務を、執行副社長が一人で背負いこんでいると考えたほうがいい』

ジェニーン氏は実務において、必要な書類のうち、重要なものは机の上に、そして一部は床と背後に置いていました。そしてそれらはそれぞれ巨大なアタッシェケースに入れて置き、毎日仕事が終わると自分がわかりやすい分類で15個から20個ものアタッシェケースに再びしまいます。

退社するときや出張に出るときは、そのアタッシェケースのうち3個から4個を持って出かけます。彼は、その数個のアタッシェケースを「『コンテナ化された』私のオフィス」と、ユーモアを込めて呼んでいました。

パソコンがなかった当時は、データや報告書の大半は紙に記されていたはずです。そのせいでしょう、彼は次のように語っています。

ビジネスマンが自分のオフィスの机に向かって働いているとき、ビジネスの現実から隔離されて、それを他のだれかにかわって運営してもらっている人の机の上は必然的にきれいになります。それはビジネスの現実から隔離されて、それを他のだれかにかわって運営してもらっているからです。もし、あなたの社長の机の上がきれいだったら、それは、執行副社長が一人で仕事を背負いこんでいると考えたほうがいいでしょう……と。

柳井正氏は自分を活字中毒だと思っていて、時間があると本を読まないと気がすまないそうです。若い頃はファッション誌も読み漁ったと言います。

23歳で会社を任され、必死に走ってきたが、ふと立ち止まって考えてみると、社員は100人近くになり、会社の売り上げ規模も総資産も大きくなっていたが、銀行からの借入金も父親や自分の個人資産をはるかに超えていたとのことです。そこで、本格的に経営を勉強しようと思ってからは、経営書も１日１冊くらい読んでいたといいます。社員にも読んでもらいたいものがあれば伝えます。玉塚元一氏も何冊も薦められたそうです。

会社にも家にも本はたまる一方です。もちろん、処分した本も多くありますが、本と書類とメモは、いつも机の上にありました。現在はパソコンに相当の資料が入っていますが、いろいろな数字や資料を見比べて仕事をするなら、少なくとも昼間に机の上をきれいにする暇などありません。

ジェニーン氏がきれいな机のエグゼクティブを批判するのには、もう一つ理由があります。それは前項で書いたような「本当に仕事をしているなら、机の上をきれいにしておく余裕などない。きれいな机の主は、ビジネスの現実から隔離されて、それを誰かに代わって運営してもらっている。トップマネジメントどころか、ミドルマネジメントでも、要求される仕事の量と水準を保ちながら、机の上をきれいにしておくなど実際不可能である」という心的態度です。

16

『エゴチストのエグゼクティブの
気まぐれと気ままのために、
業務遂行、生産性、収益に生じるロスは、
少なくとも40％近くに及ぶ』

人は誰でも称賛されるのが好きですし、批判に対しては自分を守るために身構えるものです。「部下と意見が合わない場合、私も自分の主張を通そうとするあまりに、われを忘れたことがある」とジェニーン氏は言います。

しかし、どんなことがあっても自分の主張を曲げないわけではありません。自分の間違いに気づいたときには、進んで己の非を認め、その誤りを訂正する措置をとりました。ジェニーン氏がビジネスで成功する大きな要素がここにあります。

私たちは、むやみに自己主張するのではなく、プライドと自我を抑えつつ、日々の冷徹な現実を見つめなければなりません。そして、ビジネスの問題が提起するさまざまな知的挑戦に対して、全力で立ち向かうことを学ばなくてはならないのです。

「企業の中の強度のエゴチストは、自分は周囲の誰よりも賢く、あらゆる物事に対する答えがわかるよう天から定められていて、自分こそ支配者であり、他の者はすべて彼に奉仕するために存在すると信じている」とジェニーン氏は言います。この言葉が示すように、まさにエゴチストの最大の欠点がここにあります。

個人的虚栄心が抑制されることなく爆発的に高まると、エゴチスト本人が自分自身のエゴの餌食になってしまって、他の人がどう感じるかといった心配りなどの感覚を失ってしまいます。最悪の場合は、常識も客観性も失ってしまい、部下に尊敬と追従を強要することも少なくありません。こうなると、エゴチストは組織の大切な意思決定の過程を脅かす厄介者となってしまいます。

「こうした種類のエゴチスムは、会社のマネジメント・チームの総力を低下させ、社内の自由なコミュニケーションに恐ろしい作用を及ぼす」存在となります。部下は彼の真の姿を見破ってしまい、憎悪さえします。当然のことながら、リーダー失格の烙印を押してしまい、彼に仕事を依頼することを避け、迂回して仕事を運ぶようになります。

どんな会社においても、「エゴチストのエグゼクティブの気まぐれと気ままのために、それぞれの業務遂行、生産性、収益に生じるロスは、少なくとも40%近くに及ぶものと推察される」とジェニーン氏は書いています。

もちろん、ある程度の自信は、リーダーたるべき人間には不可欠なものです。目的に向かって人々を動かすためには、自己の持っている人格的な魅力を発現させなくてはなりません。

しかし、良いエグゼクティブは追従者のへつらいや称賛を、適切な距離を置いて冷静に受け止めることができます。そして、自分の行動に個人的偏見や虚栄が少しでも混ざらないよう注意を払っています。

「このように、良い経営とは論理、目的、客観性といった要素の上に成り立っている」ものだということです。いずれかが欠けていては、良いエグゼクティブになれませんし、まして最良の経営などできるはずもありません。

17

『失敗しなくなること、
それは誰も新たな試みに
挑戦していないことに通じる。
少々の失敗なら許す包容力のある
企業風土がなければ、
チャレンジしようという
人物など出てこない』

ジェニーン氏は、最悪のエグゼクティブとはどんな人物かについて、「現役のビジネス・エグゼクティブを侵す最悪の病は、一般の推測とは異なって、アルコール依存症ではなくエゴチスムである」と明言します。

そして、「アメリカ企業がアルコール依存症のために負担させられているコストは、エグゼクティブのエゴチスムという現象のために支払わされている代価の大きさとは比べものになるまい」と続けています。

実際、チームで仕事をしているにもかかわらず、何か成果が上がったら、自分一人で達成したように振る舞い、独り占めしようとする社員や役員は、どこの会社にもいます。多くの場合、そのエゴチストの存在については社員の誰もが知っています。しかし、あきらめて何も言わないか、意図的に避けているのが現実です。

日本の多くの企業にもこのような管理職をよく見かけます。その人物は部長職で、部下に対して「何々部長と言え！」と命じたり、「得意先からお中元がきていますよ」と部下が言うと、「そんなものは、家に送るように言え！」と怒鳴ったりしていたといいます。また、部下や上司の不信を察すると、取引先の大物部長や社長に電話して、自分が偉いところを見せようとしたのだそうです。

外資系企業の日本人ビジネスマンや社長の中に、今働いている現場ではなく、本社を向いて仕事をしている人をよく見かけます。これもエゴチスムです。

「ミドル・マネジメントでもトップ・マネジメントでも、ほしいままに放任されたエゴチスムは、周囲の現実をその本人に見えなくさせる。彼はしだいに自分自身の幻想の世界に生きるようになり、しかも自分は絶対に誤りを犯さないと本気で信じているために、下で働く人びとを困らせる」と、ジェニーン氏は書いています。

確かに、そのとおりです。新任のリーダーや店長に抜擢されると、自分には権力があると錯覚する人がいます。そういう人の多くは、困ったことに「管理職になったら、こういう行動や発言の仕方をしなくてはならない」といったステレオタイプの言動を信じています。

エゴチスム社員を許すのは上司の責任であり、部長なら役員の、役員ならやはり社長の責任ということになります。会社では社員全員が対等であり、地位や肩書は役割の違いでしかないことを明確に指摘して、必要な場合は叱責しなければなりません。そして、ステレオタイプの管理職像には価値がないことを教えなくてはいけません。そうでなければ組織のモラールは下がる一方になってしまいます。

玉塚元一氏は、役職と役割を勘違いしてはいけないと話しています。ローソンではあくまで役割が重要で、社長は社長、店長は店長、デザート開発担当者はデザート開発担当者という立場で、みな役職は違うけれどお互いが努力しその役割を全うしなければなりません。話す時には役職に関係なく常に対等だとしています。

「エゴチスムは、なにごとかを達成したことのある人ならだれでも密かに抱懐している正常なプライドもしくは自負心とは非常に違ったものだ。適度の自負心と自信は、企業でも他のどこでもリーダーたるべき人間には不可欠なものだ。企業のリーダーは、正しいにせよ誤っているにせよ、自分の目に正しく見える目的に向かって人びとを動かすために自己の人格的魅力を発現させなくてはならない」

ジェニーン氏は、エゴチスムは過度の確信や失敗への恐れから生まれると指摘しています。仕事や事業は、うまくやって当たり前、成功して当然と思っている人が多すぎるのです。しかし、現実はそうではなく「商売はうまくいかないもの」です。そして失敗することが大事なのです。

18

『プロフェッショナルマネジャーの技量は、
いかにうまく競争に勝ち、
コストを切り下げ、
最大限の利益をもたらしうるかに
かかっている』

どんな企業であっても数字なしではやっていけません。数字は企業の健康状態を測る一種の体温計の役をしています。

そして、プロフェッショナルマネジャーは、おびただしい量の数字を相手にしなくてはなりません。彼の仕事は単に市場で売れて利益を生むひとつの製品を生産することだけではないのです。

プロフェッショナルマネジャーの技量はさまざまなところで試されます。いかに他社との競争に勝ち抜くかを考えるのは当然のことです。また、数多い製品に関連するさまざまな活動について、どのような行動を起こせばいいかについても、広い視野に立って考えなければなりません。コストを切り下げ、最大限の利益をもたらす方法を絶えず模索するのも、彼の技量が試される試練の場です。

会社中から集まってきて彼の机を通って流れ過ぎる数字によって提供されるさまざまな情報……それを早期警報のシステムだと理解し、問題点を発見しなければなりません。そして的確に対応する彼の能力こそが、技量と呼ばれるものなのです。

プロフェッショナルマネジャーの数字に対する理解力こ

そが、それらの数字の背後にある真の事実を彼がどれだけ理解し、コントロールできるかというひとつの尺度となります。彼は、さまざまな変数の裏にある意味を読み取り、素早く行動して、予測していたこととのズレをどのように修正すればいいかということを、さまざまな経験を通して学ぶのです。

数字の意味するところ、その背後に潜んでいる真実を見つけることが、プロフェッショナルマネジャーの仕事に他なりません。そして、自社を危険にさらしかねない要素や、それを上手に切り抜ける方法はもちろんのこと、自社を成功に導く要素も発見しなければなりません。よく数字は抽象的なものだと言われます。確かに、数字はどのように見るかによって、見え方もさまざまです。

「数字に注意を払うことは単調で退屈な苦行だ」と、ジェニーン氏は言います。しかし、自分の会社がどのような状況なのかを本気で知りたいのであれば、それだけ多くの数字を相手にしなくてはならないのです。

プロフェッショナルマネジャーはそうした数字とのにらめっこを１人でやらなければなりません。自分のやっていること以外のすべてが、どんなに刺激的だと感じていても、そうしたことに関わっている暇などないのです。ただただ1人きりで数字と対峙しなければならないのです。

もし会社がうまく経営されていれば、たいていの数字は予期したとおりのものになります。そのことは数字を読むことを一層ありふれた退屈なものにします。「それでも飛ばしたり、集中力を緩めることを自分に許すわけにはいかない。読んで読んで読み続けなくてはならないのである」と、ジェニーン氏は述べています。

数字を徹底的に検討することは、「われわれが自由に勇気を持って行動できる」ようにしてくれたと、ジェニーン氏は言います。こうした徹底検討は財務管理の真の意味をＩＴＴが信奉していることを内外に知らしめることになり、銀行や金融機関は、そうした姿勢を認めてくれたのです。このことは当然、資金調達には不可欠の要素でした。

その結果、ＩＴＴは同じ規模の他の会社よりも急速に、成功を収めながら成長することができたのです。なぜなら、「われわれはみずからの数字を知っているおかげで、恐れずに前進できたからである」と、ジェニーン氏は述べています。数字の意味を確実に把握・理解することがいかに社内外に好影響を与えるかの好例です。

19

『数字は企業の健康状態を測る

一種の体温計の役をする。

それらの数字が精密であればあるほど、

情報は明確に伝わる』

「数字はシンボルである。それは言葉によく似て、ひとつきりでは固有の単純な意味を持つだけだが、関係のある他の数字と対照したりつなげたりされると、はるかに複雑で意味深長なものとなる」と、ジェニーン氏も述べているように、数字を見続けて、その意味するところを読み解くことはひどく退屈な作業ですが、経営者として絶対にやらなければいけないことです。

数字の傾向に何かの異常が生じたときには、記憶を呼び起こして比較し、どこで何が起こっているのかを確認して、対策を考え、実行するのです。

ところが、その作業を怠っている経営者が多くいます。数字を見るのは経理や財務、あるいは経営企画室や経営計画室のようなスタッフ部門で、社長は報告を聞くだけでよいと思っているのです。これはとても危険な考え方です。なぜなら、報告する者が数字の意味するところを理解していなければ、当然、間違った情報をもとに判断してしまうことになります。そのような者の報告が信用できるはずもありません。重要な数字に関しては経営者が自分でチェックしなければ、数字の背後にある意味など決して理解できないのです。

ジェニーン氏は、「数字は企業の健康状態を測る一種の体温計の役をする。それは何が起こっているかをマネジメントに知らせる第一次情報伝達ラインとして機能」するし、それらの数字が精密であればあるほど、また「揺るがすことができない事実」に基づいていればいるほど、情報は明確に伝わると言っています。

玉塚元一氏が数字を見る時に特に意識しているのは平均ではなく偏差です。ローソンは12,000の店舗があるので、全国平均値の話が多くなりがちですが、偏差を見ないとだめだと話しています。例えば店内淹れたてコーヒーのマチカフェが平均何杯売れているという話以上に大事なのが、凄く売れているお店はどれくらい売っているのか、あるいは逆に売れていないお店はどれくらいなのか、それぞれのお店はどういう立地なのかということです。それぞれの偏差の代表的なお店に行ってみて、上手くいっている事例、上手くいっていない事例を把握し、そこで色んなことを発見することが大事です。玉塚氏自身もマチカフェの高実績店舗に足を運んだところ、試飲サービスなども行う接客がとてもよいお店の販売実績が高く、お店の売上の高低とは相関関係が全くないことが分かったと言います。そこでセルフサービス式ではない対面式でのコーヒー販売を決断したのです。

柳井正氏の会社が最初に店舗のレジと自前のコンピュータを使った販売時点情報管理システム、いわゆるＰＯＳシステムを導入したのは、店数がわずか15店舗だった1988年７月のことでした。「100店舗の出店と株式公開」を社内で宣言した91年には、その規模に見合う新情報システムの構築に乗り出し、その後もシステムの拡充をはかっていました。

大規模にチェーン展開するには、反復継続した売り上げデータをできるだけ早く分析して、商品投入・店舗間振り替え・売価変更などにつなげる必要がありました。それが勝負の分かれ目であり、生命線でもありました。こればかりはコンピュータがなければできません。

ＰＯＳ導入以前も、メーカーのブランドタグを切り取って集計し、商品管理を行っていましたが、すべて手作業だったために膨大な時間と手間がかかったと、柳井正氏は言います。

ジェニーン氏は、プロフェッショナルマネジャーが追求しているのは数字の含蓄であり、つまり、それらが意味するものを把握・理解することだと述べており、「それを成就するには、数字が持つ意味の絶えざる暴露、絶えざる反復、過去に読んだものの記憶の保持、そして数字が代表する実際の活動への親近によるほかはない」と書いています。

ジェニーン氏が一線で活躍していた時代には、パソコンなどありません。にもかかわらず、このように言い切れるほど、数字による管理を徹底していたことについて、柳井正氏は驚異的なことだと述べています。玉塚元一氏と柳井正氏とジェニーン氏いずれとも、現場での生きた情報を欲しがり、かつ数字の本当の意味を把握・理解したがっているということ……ここに明確な共通点があります。

20

『数字には重要な個性がある。
そして数字がどんな性質を持つかは、
その会社の最高経営者と、
彼が部下たちに
何を期待しているかによって決まる』

ジェニーン氏は、「ＩＴＴは同じ規模の会社より急速に、また成功を収めながら成長した。なぜなら、われわれはみずからの数字を知っているおかげで、恐れずに前進できたからである」と言っています。

公認会計士でもあったジェニーン氏は、数字の扱い方や数字が持つ意味と本質、数字の性格についての深い洞察力を見せてくれます。

例えば、ジェニーン氏は「数字には個性がある」と言って、次のように続けます。

「数字には数そのものと同じぐらい重要な個性がある。数字には正確なものとあまり正確でないもの、精密なものとおおよそのもの、詳細なものや平均的なものや漠然としたものがある。数字が持つそうした性質は、通常、その会社の最高経営者と、彼が部下たちに何を期待しているかによって決まる」

数字ほど確実な事実はないと思っている人は多いものですが、数字も人間との関わりの中で独特な変容を遂げるということです。ジェニーン氏は自分流の数字の見方について、次のように述べています。

「ある事業部のひとつの要素を表すものと仮定して、４という数字に彼がぶつかったと仮定しよう。その４を分析した結果、それは２＋２あるいは３＋１を表しているのではないことを発見するかもしれない。ビジネスにおいては、４という数はプラス12とマイナス８の和を表していることがしばしばある。プラス12という数字にはすこし掛け値があるかもしれない、と彼は思うが、それよりもまずマイナス８のほうに注意を集中し、それがプラス５とマイナス13から成り立っていることを発見するだろう」

柳井正氏は、「数字を読み解く」ということは、まさにこういうことなのだと納得させられたのです。そして、「これは、誰にでもできることではないと思うが、少なくとも、数字の背後にあるものを変える発想法を学ぶことができるはずだ」と述べています。

ジェニーン氏のような人物が自分の上司だったら、非常に怖いと感じると思うと言いながらも、経営者は本来そうあるべきだと考えます。

どんな数字でも、すべて意味を持っています。数字を見るときは、記憶している過去の損益計算書や財務諸表の数字とそのときの経営状況との比較、業界や優秀な競争相手との比較をしつつ、数字の中の良いところと悪いところ、数字の傾向、数字対数字のバランスを掘り下げて考えるそうです。

「経営とは、数字のバランスを崩さないようにして高い水準に持っていくことだと思う」と述べつつ、ジェニーン氏は二つの言葉をあげます。

「ビジネスにおいて修復不可能の失敗は、キャッシュが尽きてしまうことである。それ以外なら、ほとんどどんな失敗でもなんとか回復の道がある。しかし、キャッシュが尽きてしまったらゲームはそれで終わりだ」

「数字が強いる苦行は自由への過程である」

なんと含蓄のある言葉でしょうか。

21

『企業家は、すべてを賭け、

大きな見返りのためにリスクをおかす。

賭けに勝てば、報酬は莫大かもしれない

が、負ければ、すべてを失ってしまう』

「企業家は、すべてを賭け、大きな見返りのために大きなリスクをおかす人間である。まだ自分の会社を持っていない場合には家から所有物のすべてを抵当に入れる。賭けに勝てば、報酬は途方もなく莫大かもしれない。しかし負ければ、なにもかもおしまいだ」とジェニーン氏は書いています。

そして、企業家精神は、大きな株式公開会社の哲学とは相反するものだと続けます。企業家は、革新的な、独立独歩の、そして大きな報酬の可能性のために常識的な限界以上のリスクを進んでおかすものですが、安定した大会社は小さな成果を得るためには、小さなリスクをおかすことしか許されないと、ジェニーン氏は言います。

そのため、大企業を経営する人間は、会社が成功すればするほど、基本的に保守的な考え方の投資家を満足させるために、できるだけ冒険を避けなくてはならなくなるのです。だから、誰もがアッと驚くような新規事業に挑戦するなどというのは、容易なことではありません。

昇進途上にあるエグゼクティブたちは、周囲から抜群のエリートと見なされているために、自分がこれだけの手腕があるということを、少なくとも５つは示さなければなりません。そして、「その間にたったひとつ過ちを犯しただけでも、その会社でのその人物の将来を台なしにする不信の原因となりかねない」というのが現実だと、ジェニーン氏は指摘します。

たいていの会社員は、会社が与えてくれる仕事をこなすことや支給される報酬に満足します。

「これに対して、企業の中で私が出会った企業家的マネジャーは昇進の階段を小刻みに上ることや仕事の範囲が局限されることに満足できない。私はそうした人びとを、ＩＴＴのうまくいっていない事業部に転属させ、彼らの努力で事業部が立ち直ると、最高20％の昇給とボーナスでねぎらった」とジェニーン氏は述べています。

企業の中にも、何かにとりつかれたような熱情と献身を持って働く企業家候補者がいるのです。しかし、そうした人たちは糸でつながれないで、自由に飛び回りたがります。しかし、どんな大企業もそれを許すことはできません。そこで、真の企業家は、すべての責任・リスク・報酬を１人で引き受けることのできる場所を探し、結果として、自分の事業を始めるために所属している会社を去っていくのです。

22

『公開会社の給与や報酬体系には、
一定の限度がある。
会社の収益に大きく貢献したとしても、
その人に支払われる報酬や
報奨金にも限度がある』

会社と個人との関係でいえば、これからは「個人稼業」の時代に入っていくと考えられます。

つまり、自分の能力を会社に対して市場価格で提供する時代の到来です。アメリカでは、人格と仕事の能力とは別だという共通の了解事項ができています。会社における個人や人間関係は仮の姿だから、たとえ仕事で対立することがあっても、お互いに人格は認めあうのが当たり前のことになっているのです。なぜなら、現在のグローバル化とはアメリカ化に他ならないからです。

そうなると、個人がキャリア形成をするには、会社に頼らないで、自己責任で行う部分が拡大することでしょう。

「企業の給与水準は、会社の従業員、マネジャー、役員のすべてを満足させ、幸福にし、もっとたくさんもらえるようになろうと努力させ続けると同時に、会社自体の利益をも確保できるように考案された、微妙な価値体系である」

このようにジェニーン氏は指摘していますが、株主資本主義に基づく公開会社の給与や報酬体系には、一定の限度があります。仮に、会社の収益に大きく貢献する発明をしたとしても、その人に支払われる報酬や報奨金にも限度があるのです。

かつて、青色ダイオードの発明者に、発明に対する対価として「200億円支払え」という裁判所の判決が出ました。確かに青色ダイオードは大発明ですし、世界的な貢献が確実視されるものです。だからといって、200億円は高すぎます。なぜなら、「会社の資産を使い、会社が雇っている他の社員研究者の協力も得て研究開発を続けてきた」わけですし、まだ成果を出していない研究期間中も、社員として安定と支援を保証されてきたのですから。

それでも不満があるのなら、自らリスクを負って資金と人材を集め、開発するしかありません。その自由を資本主義社会は認めているのです。なにも日本国内だけで活動する必要もありません。今や国境を越えて資金調達をすることも可能です。確かに、企業内企業家の育ちにくい環境になっていますが、そのことと企業家精神を持つことは別で、確固たる志があるのならリスクを負ってでも、羽ばたいたほうがいいのです。

23

『仕事から感じる甘い味わいは、
アイスクリームと比べものに
ならないくらい長続きする。
この味わいを全社で共有し、
追求することで会社は成長する』

ジェニーン氏は、リーダーシップについて、ビジネスや政治、あるいはフットボールの試合であれ、共同の目的を達成するために他の人々をチームとして結束させ、自分のリードに従うように仕向ける能力だと考えていました。

そしてリーダーシップは、選ばれた人間だけが持っている天与の才能なんかではなく、誰もが自分の中に持ち合わせている本能的なもので、生まれつきすべての人間の身に備わり、育っていくものだと思っていたようです。その証拠に彼は、「リーダーシップは学ぶことができるものだ。ただ、どういうふうに学べばいいのかを上手に説明することはできないが……」ともらしています。

学び方を説明できないのは、なぜでしょうか。それは、各人が日常の経験を通してのみ育んでいくしかないからです。そしてそのリーダーシップのスタイルは、個人個人の個性から形づくられるため、その方法を他人に伝授することが難しいのです。ですからジェニーンは、リーダーシップの学び方を説明する代わりに、自分がいかにしてリーダーシップを手に入れたかについて回想しています。

「高校（サフィールド・アカデミー）時代に良い点をとると、誇らしいくらい良い気分になることを発見した。それと同時に、どんなものでも努力によって勝ち取らなければならないことを学んだ。不動産の広告取りをしていた頃は時間の見境なしに働いた。失敗したくないという恐怖心からだった。私は仲間よりうまくやってのけたくて、そのために努力することをいとわなかったが、そのうち、ビジネスの世界が突きつける挑戦は刺激的で活気に満ちていることがわかってきたのだ。特に困難な仕事をやり遂げ、自分が予想した期待を結果が凌駕したときなど、手応えのある達成の喜びに満たされた——いつでも仕事は楽しかったし、実際、私はそれを仕事と思ったことはなかった。だから私は同僚たちに、仕事は、テニスやヨット乗りやダンス、その他のどんなものにも匹敵するくらい面白い、と言ったものだ。仕事は思考を刺激し、知的挑戦を提供してくれる。ビジネスは素晴らしい冒険だと思った。その楽しみという報酬に、サラリーやボーナス以上の価値を感じるようになっていったんだ」

自分が感じたその喜びを、ジェニーン氏はＩＴＴでともに働く人たちにも感じさせたかったのです。

「働く人々に、とても到達できないと決め込んでいるゴールに向かって努力させてみたかった。不可能だと思っていることを成し遂げさせたかった。ただ会社と出世のためだけではなく、冒険をやり遂げる喜びそれ自体を感じてもらいたかった。そして彼らが自己顕示欲のためでなく、大きなチームワークの一部として、より高度で困難な挑戦に立ち向かっていく過程を楽しんでもらいたかった。自分がチームに貢献し、自分が必要とされていることを知り、ゲームに勝つことに誇りと満足を覚えるようになってほしかった」とジェニーン氏は述べています。

仕事に楽しみを見いだすことで拓《ひら》ける新しい風景を社員たちに体験させ、挑戦的で創造的、かつ活気のある雰囲気を会社全体につくろうとしたのです。まさにこの行動こそが、ジェニーン氏のリーダーシップを創出したのです。

そして、ジェニーン氏は、「仕事の喜びは、アイスクリームを食べている喜びとは違う。仕事から感じる甘い味わいは、アイスクリームと比べものにならないくらい長続きするんだ」と続けています。この味わいを全社が共有し、追求することで会社は成長する。そして、ＩＴＴはとてつもない成長を遂げることになります。

これこそが、まさにジェニーン氏流のリーダーシップでした。

24

『会社を統率するリーダーは、

社員が自分と一緒に働きながら、

それぞれが自分の夢や自己達成への

要求を持っていることを

理解しなければならない』

「人を解雇することは、おそらく会社のリーダーシップに課される最もきびしいテストである」とジェニーン氏は言います。そして、誰が、どういう理由で、いつの時点で、どんなふうに解雇されるのか……それこそが「会社とそのマネジメントとリーダーシップの性格の核心につながる問題である」と続けています。

組織に貢献していない人間、あるいは他の全員の努力を妨害しているような人間を取り除くのは、工場長やグループ副社長、あるいは最高経営者といったリーダーの責任です。

ただ、多くの場合、上司や同僚、部下は「解雇されてもしようがないよな」と言われるような人物の存在を知っているものです。そういう人の場合、当然、他の社員からの風当たりが強くなって、自ら会社を去るケースも少なくありません。

多くの社長の意見ですが基本的に、会社を去ろうとする人は追わないそうです。辞めないでほしい人材には、なんとかとどまるように説得を試みるが、引き留めることは難しいといいます。会社の風土に合わないとか、目指す方向が違うということであれば、それはそれでしかたがないと、経営者たちは考えています。

「会社を統率する人間は、その会社の人びとが本当は彼のために働いているのではないということを認識しなくてはいけない。彼らは彼と一緒に自分自身のために働いているのだ。彼らはそれぞれに自分の夢を、自己達成への要求を持っているのだ」

ジェニーン氏のこの言葉を、経営者やリーダーは真摯に受け止めてほしいと思います。特に小売業の経営者には、オーナー経営が多いためか、自分をオールマイティだと思っている人、「生涯現役」を公言する方が少なくありません。しかし、事業は社員全員の力を結集しないとできません。全員の力を結集するということは、他人の存在を認めて、正当に評価するということなのです。

前項でも述べたように、ジェニーン氏はリーダーシップの本質を「伝授することはできない。それは各自がみずから学ぶものだ」と言っています。だとすれば、経営者は自分の思いどおりに経営し、社員に対して自分についてくればいいという姿勢で臨んでばかりではダメなのです。

社員の成長を促すためには、リーダーシップを学べる環境づくりも必要ですし、優秀な若い人材がいるのであれば、積極的に登用して能力を伸ばしていくことも求められます。
こうした方向にリーダーシップを発揮することも、経営者やリーダーには求められているのです。

第4章　ハロルド・ジェニーン金言集

①経営の秘訣

②人とお金と経験

③会社組織を活性化する

④経営者の条件

⑤リーダーシップとは何か

⑥エグゼクティブの仕事術

⑦企業家精神とは何か

①経営の秘訣

失敗せず必ず経営を成功に導くようなセオリーや新理論など存在しない。目の前の問題をひとつずつ解決し、うまくいく方法を絶えず考え続け、社員一丸となって経営に取り組む体制をつくれと、ジェニーン氏は言う。

職業人としての私の全生涯を通じて、公式の組み合わせや図表や経営理論によって自分の会社を経営した(いわんや、それに成功した)最高経営者には、いまだかつて出会ったことがない。逆に、ハイスクールも出ず、経営理論などぜんぜん読んだことがないのに、私の見たところでは、自分の事業を運営する術《すべ》を完全に心得ている人びとにおおぜい出会った。

人びとの能力を判定する方法として
私が知っていたのは、
実際によるテストだけだった。
私は人物に仕事をさせ、
どんなふうにやるかを観察した。

真実はただ、ビジネスは科学ではないということだ。
それはいかに不易の法則にもしたがわないし、
機械のように決まった動きはしない。

ビジネスでも人生でも
成功する秘訣に、
秘密なんかないということだ。
なんの秘密もありはしない。
なんの方式も、なんの理論も。

**私はただその会社を引き受けて、
“満足すべき結果”を挙げてくれと
要請されただけであり、
それがまた私が請け負った
ことのすべてだった。**

最高経営者の第一の役割は、いわば経営チームのクオーターバックとして、ゴールポストはどこにあるか、そしてそこへ到達するにはどうするのが最善かをチームの全員に示し、しかるのちに率先してそのプレーへとチームを導くことだ、というのが私の久しく抱いていた信念だった。

②人とお金と経験

若い頃の経験以上に貴重なものはない。常に新しいものに創造的に挑戦していれば、たとえ失敗しても、それはむしろ将来のための武器になる。目標を定めたら、それを達成すべく努力せよと、ジェニーン氏は言う。

最初の四半期に目標を達成できなかったら、
けっして年間の目標を達成することはできない、
と私はみんなに言った。
まず、とにかく最初の四半期に予定された
収益目標を達成するのだ。

経験とは
なにか新しいことを発見し、
学び、能力の成長と蓄積を
もたらすプロセスである。

ビジネスの世界では、
だれもが二通りの通貨―金銭と経験―で
報酬を支払われる。
金は後回しにして、まず経験を取れ。

自分は何をやりたいのかを
しっかり見定め、それをやり始めよ。
しかし、言うは易く、行うは難しだ。
肝心なのは行うことである。

やることが創造的ならば、
失敗すら経験という宝を
ひとつ増やしたことになる。

③会社組織を活性化する

現場で起こっている諸問題が、なんの脚色もない情報として上層部に伝えられ、ボトムアップとトップダウンのバランスがとれている組織は活性化する。それには風通しのよい人間関係が不可欠だと、ジェニーン氏は言う。

どの会社にも二つの組織がある。
そのひとつは組織図に書き表すことができる公式のもの。
そしてもうひとつは、その会社に所属する男女の、
日常の、血のかよった関係である。

マネジャーは往々にして書類の奴隷になる。
報告書はうずたかく積み上げられ、
書かれる稟議書には熱がこもらず、
意思決定は手間どり、行動はとられない。
かくして会社は停滞する。

もっと悪いのは、
重要な情報が命令系統を
さかのぼっていくうちに、
途中の段階で濾過され要約されて、
頂上にいる人間には、
下で起こっていることの概略しか
届かなくなることだ。

危機や破局は一夜にして生ずるものではない。
それは問題が長いあいだ隠蔽され、
症状が悪化するままに放置されてきた結果である。

原則として私は長期計画というものを信用しない。
目の前の１年間の計画を立てるだけで、
マネジメントにはなすべきことが山ほどある。

④経営者の条件

経営者は、一度決めた目標は必ず達成しなければならない。それが「経営する」ということである。そのためには良い計画を立て、起こりうる問題を予知して、解決策を講じておかねばならないと、ジェニーン氏は言う。

他の人びとが5時に退社してしまっても、彼は居残って、事業の発展の妨げとなっている問題を解決するために心を砕く。彼は経営しなくてはならない。日夜を問わず、彼にとっては生活即事業なのだ。

経営（する）とは、
いったんその事業計画と予算を定めたら、
売り上げやら市場占拠率やら、その他何であれ、
それを達成すると誓ったことを
なし遂げなくてはならぬことを意味する。

良い計画は、将来起こりそうな問題の予見と、
それらを回避するためにとるべき手段と、
事前に回避することができなかった場合には、
ただちにそれらを処理する方策を包含していなくてはならない。

きみがしてはならないのは、不十分な結果を受けいれて、それを弁解することだ。

ビジネスにあっては、
ただ競争相手より、
勝りさえすればいい。
競争相手よりどれだけ勝るかは、
きみが定める基準による。
しかし、きみはその基準によって
定まった結果を達成しなくてはならない。

物事をあまり深く考えつめているあいだに、
むざむざ機会を取り逃がしてしまうことがないようにするのも、
経営の仕事のうちだ。

⑤リーダーシップとは何か

リーダーシップを身につけるノウハウなどこの世に存在しない。各自がそれぞれの体験の中で得ていくしかないのだ。言葉以上に、態度と行為が重要であり、まわりの誰もがそれを注視していると、ジェニーン氏は言う。

「経営者は経営しなくてはならぬ」というその概念を全社に行きわたらせること——それがいわゆるリーダーシップというものだと私は思う。リーダーシップは単に経営すること以上のものである。

リーダーシップを伝授することはできない。それは各自がみずから学ぶものだ。

一口に言うなら、沈むにせよ生き延びるにせよ、われわれは同じボートに乗り込んで、今から必死に漕がなくてはならないが、最後にはきっと、全員にとってやるだけの価値があったことが証明される、ということだ。

リーダーシップが発揮されるのは、
言葉より態度と行為においてである。

リーダーシップは
経営の核心である。

リーダーシップというものは、
人生と同様、歩みながら
学ぶほかはないのだ。

何かのことで、私がだれかを叱責する必要があると思った時は、他人のいないところでそうした。私がどう思っているかを知らせたのはその人間に対してであり、ほかの人たちではなかったからだ。

⑥エグゼクティブの仕事術

有能なエグゼクティブの机は乱雑で、それは仕事に追われて整理整頓に時間がとれないためでもある。私は暇さえあれば、会社を経営するために、目の前の情報を繰り返し繰り返し吟味し続けたと、ジェニーン氏は言う。

エグゼクティブとしてすることになっている仕事を本当にやっているなら、彼の机の上は散らかっているのが当然だということだ。なぜなら、エグゼクティブの職業生活そのものが、"散らかった(雑然とした)"ものだからである。

私のオフィスのドアは、
私に会う必要があると思う
社内の全員に対して
開け放たれていた。

**多くのビジネス戦略家がしばしば見過ごしがちなのは、
くず物置き場が稼ぎ出す1ドルも、
石油会社やコンピュータ会社が稼ぐ
1ドルとまったく違いがないということだ。**

人は失敗から
物事を学ぶのだ。
成功から
学ぶことは
めったにない。

成功は失敗よりずっと
扱いにくいもののように私には思える。
なぜなら、それをどう扱うかは、
まったく本人しだいだからである。

会社を経営するのは雪の上に字を書くようなものだ。
書いた字が消えないようにするには、新しい雪が降り積もるたびに何度でも根気よく書き直さなくてはならない。

⑦企業家精神とは何か

企業家とは事業にすべてを賭ける精神の持ち主であり、大きなリスクをおかして責任を一手に引き受ける。そして実績のみが実在だということを、ビジネスの不易の大原則だと考えていると、ジェニーン氏は言う。

自分の事業を推進するためにすべてを賭ける人物は、プライドと、失敗への恐れと、成功への夢と、自分の努力に対する大きい正当な報酬への期待に突き動かされている。仕事への努力において、計画において、考えにおいて、他のだれかのために働くことで給料をもらっているマネジャーたちより彼らのほうが上回るのは当然である。

私が知っているたいていの会社員は、
会社が与えてくれる挑戦と報酬に満足し、
沈むか泳ぐかの企業家の環境に
一人で乗り出したいとは思っていない。

真の企業内企業家は
—従来もそうしたように—
すべての責任とリスクと、
そして報酬を一人でとれる
自分の事業を始めるために
会社を去って行く。

若い人たちがすべきことは、
ただ仕事を選び、
それに向かって
努力し始めることだ。

言葉は言葉、説明は説明、約束は約束……なにもとりたてて言うべきことはない。だが、実績は実在であり、実績のみが実在である。——これがビジネスの不易の大原則だと私は思う。実績のみが、きみの自信、能力、そして勇気の最良の尺度だ。実績のみが、きみ自身として成長する自由をきみに与えてくれる。

［著者紹介］
ハロルド・シドニー・ジェニーン
Harold Sydney Geneen (1910〜1997)
英国ボーンマス生まれ。ニューヨーク証券取引所のボーイから、図書の訪問販売、新聞の広告営業、会計事務などを経てジョーンズ・アンド・ラフリン社、レイシオン社で企業の経営に参加参画。1959年ITTの社長兼最高経営責任者に就任。アメリカ企業史上空前の記録、"58四半期連続増益"という金字塔を打ち立てた。17年間の就任中に買収・合併・吸収した会社はエイビス・レンタカー、シェラトン・ホテル、ハート・フォード保険会社はじめ80か国に所在する350社に及ぶ。ジェニーン引退後、グループは解体した。

［解説者紹介］
玉塚元一
1962年東京都生まれ。1985年慶應義塾大学法学部卒業後、旭硝子入社。1997年ケース・ウェスタン・リザーブ大学経営大学院でMBA取得。1998年サンダーバード大学大学院で国際経営学修士号取得。同年日本アイ・ビー・エム入社。その後、ファーストリテイリングに入社し、2002年ファーストリテイリング代表取締役社長兼COO。2005年リヴァンプ設立、代表取締役。2010年ローソン顧問。2014年ローソン代表取締役社長に就任。現在に至る。

超訳・速習・図解
プロフェッショナルマネジャー・ノート2

2015年7月4日　第1刷発行

編著者　プレジデント書籍編集部
発行者　長坂嘉昭
発行所　株式会社プレジデント社
〒102-8641　東京都千代田区平河町 2-16-1
平河町森タワー 13階
http://president.jp
http://str.president.co.jp/str/
電話：編集 (03)3237-3732
販売 (03)3237-3731

装　丁　竹内雄二
編　集　桂木栄一
制　作　関 結香
販　売　高橋 徹　川井田美景　森田 巌　遠藤真知子
印刷・製本　凸版印刷株式会社

ISBN978-4-8334-2135-5
Printed in Japan